半棒術
HANBOJUTSU

Tecniche del bastone corto Ninja e Samurai

この本を感謝のしるしとして、初見良昭宗家に謹呈いたします。
Dedico questo libro al mio maestro Soke Masaaki Hatsumi che senza i suoi insegnamenti non lo avrei mai potuto realizzare, a tutti i miei allievi per avermi aiutato nella realizzazione delle foto ed ai miei famigliari.

Titolo | HANBOJUTSU: Tecniche con il bastone corto Ninja e Samurai
Autore | Luca Lanaro
ISBN | 978-88-27816-20-2

© Tutti i diritti riservati all'Autore
Nessuna parte di questo libro può essere riprodotta senza il
preventivo assenso dell'Autore.

Youcanprint Self-Publishing
Via Roma, 73 - 73039 Tricase (LE) - Italy
www.youcanprint.it
info@youcanprint.it
Facebook: facebook.com/youcanprint.it
Twitter: twitter.com/youcanprintit

Finito di stampare nel mese di Marzo 2018

INDICE

Prefazione	4
Bujinkan Dojo Budo Taijutsu	5
Soke Masaaki Hatsumi	6
Soke Takamatsu Toshitsugu	7
Hanbojutsu no Kigen (Origini dell'arte del bastone corto giapponese)	8
Sanshin no Kamae (Postura dei tre cuori)	10
Kiso (Fondamentali)	30
Kihon Happo (Otto metodi base)	52
Nage Kata (Forma delle proiezioni)	80
Muna Dori Kata (Forma delle prese al bavero)	89
Tehodoki Kata (Forma per liberare il polso)	94
Ushiro Dori Kata (Forma delle prese da dietro)	99
Tsuki Gaeshi Kata (Forma contro i pugni)	104
Keri Gaeshi Kata (Forma contro i calci)	112
Taihojutsu (Arte della cattura)	120
Kata To Katachi (Forma e Forma)	130
Juppo Sessho (L'arte del negoziare nelle 10 direzioni)	155
Ki Nagashi (Fluire dell'energia)	161
Bo Nage (Lancio del bastone)	162
Hanbojutsu Densho (Tradizione dell'arte del bastone corto)	163
Shoden no Kata (Forma della trasmissione iniziale)	164
Chuden no Kata (Forma della trasmissione media)	173
Okuden no Kata (Forma della trasmissione più profonda)	185
Shikomi-Zue (Bastone animato)	187
Goshinjutsu (Difesa personale)	198
Keisatsu no Taihojutsu (Tecniche di arresto per polizia)	202
Ihen no Bo (Inganno del bastone)	206
Glossario	207
Bibliografia	209
L'autore	210

Prefazione

Il bastone corto o una qualsiasi asta è stata in tutte le epoche, una delle armi più pratiche e facili da reperire. In giapponese quest'arte viene chiamata Hanbojutsu 半棒術 tradotto letteralmente significa "arte del mezzo bastone", per bastone intero infatti si intende il Rokushaku Bo 六尺棒 o il "bastone lungo" sei piedi (circa 1,80 m) che veniva impiegato anch'esso in combattimento e quindi il bastone Hanbo è la sua metà il quale viene anche chiamato Sanshaku Bo 三尺棒 (circa 90 cm), a seconda della scuola o Ryu-Ha 流派 può essere di varie lunghezze da 90 cm a 100 cm, e il diametro varia da 2,4 cm a 3 cm, può cambiare anche di forma come quella circolare Maru 丸 o ottagonale Hakkaku 八角 come si usa nella scuola Kukishin Ryu, e può essere di ferro o di vari tipi di legno come la quercia rossa o bianca.

Con questo libro si può avere una visione completa di quello in cui consiste l'arte del Hanbo come viene studiata all'interno del Bujinkan Dojo, partendo dalle tecniche fondamentali, dai Kata base che ho organizzato per migliore comprensione per tipo di attacco, ai Kata più avanzati e dei livelli presenti nella scuola Kukishin Ryu, del bastone con la lama celata Shikomi-Zue 仕込み杖 utilizzato soprattutto dai Ninja, e le sue applicazioni sia nella difesa personale e di come possono essere utilizzate dalle forze dell'ordine.

È importante tenere a mente che nel Bujinkan Dojo per prima cosa è importante imparare il Taijutsu o il combattimento a mani nude che da la base per il movimento del corpo che è necessario per l'uso delle armi, questo perché senza una adeguata base non si potrà davvero progredire nell'allenamento, l'allenamento dei dettagli nelle basi è fondamentale per poter arrivare alla comprensione delle dinamiche del combattimento reale. È molto importante però che non proviate assolutamente nessuna di queste tecniche senza la supervisione di un insegnante Bujinkan! Oltre ad essere pericoloso, non darà alcun frutto soprattutto senza l'adeguata trasmissione orale Kuden 口伝.

Bujinkan Dojo Budo Taijutsu
武神館道場 武道体術

Il Bujinkan Dojo 武神館道場 (Dimora del Dio della Guerra) è l'organizzazione internazionale fondata dal Soke Masaaki Hatsumi per lo studio e la pratica delle nove antiche tradizioni marziali da lui ereditate. Nel Bujinkan Dojo si studia il Budo Taijutsu 武道体術 che significa letteralmente "l'arte del corpo nelle arti marziali", la parola Taijutsu 体術 in giapponese è utilizzata per definire le arti marziali molto antiche, nel Bujinkan Dojo vi è lo studio delle 9 scuole e del loro stile di combattimento a mani nude, con le armi tradizionali e della filosofia di ognuna di esse.

Fra queste nove scuole vi è lo studio di 3 scuole di Ninpo Taijutsu 忍法體術 o più facilmente conosciuto come Ninjutsu 忍術 cioè l'arte dei Ninja 忍者 di cui la più famosa è la Togakure Ryu Ninpo Taijutsu 戸隱流忍法体術 del villaggio Togakushi situato vicino l'odierna Nagano.

Lo studio del combattimento a mani nude comprende la pratica delle cadute, proiezioni, chiavi articolari, leve e come colpire nei punti vitali, nello studio delle armi tradizionali si pratica lo studio di tutte le armi tradizionali Samurai 侍 quindi del Bugei Juhappan 武芸十八般 (le 18 arti della guerra) che si sommano alle 18 proprie dell'allenamento Ninja formando il Ninpo Sanjurokkei 忍法三十六計 (le 36 arti Ninja). Alcune scuole hanno una classificazione più antica del Bugei Juhappan come per esempio la scuola Kukishin Ryu Happo Bikenjutsu 九鬼神流八法秘劍術 dove si studia il sistema del Happo Biken 八法秘劍 (Otto metodi, Spada segreta) che consiste nel:

1) Taijutsu 体術 tecniche corpo a corpo, Hichojutsu 飛鳥術 tecniche di salto, Nawanage 縄投 lancio della corda.
2) Koppojutsu 骨法術 tecniche di percussione, Jutaijutsu 柔体術 tecniche del corpo cedevole.
3) Sojutsu 鑓術 tecniche di lancia, Naginatajustu 薙刀術 tecniche di alabarda.
4) Teijutsu 停術 tecniche di arresto, Hanbojutsu 半棒術 tecniche con il bastone corto.
5) Kobannage 小判投 tecniche di lancio di piccoli oggetti, Tokenjutsu 投剣術 tecniche di lancio della spada, Shurikenjutsu 手裏剣術 tecniche di lancio delle lame.
6) Kajutsu 火術 tecniche del fuoco, Suijutsu 水術 tecniche d'acqua.
7) Chikujo Gunryaku Heiho 築城軍略兵法 Tattiche di strategia della costruzione dei castelli.
8) Onshinjutsu 隠身術 tecniche di mimetismo.
- ❖ Hikenjutsu 秘剣術 L'arte della spada segreta comprende: Ken 剣 spada, Kodachi 小太刀 spada corta, Jutte 十手 arma della polizia giapponese del periodo Edo e il Tessen 鉄扇 ventaglio.

A partire, da questa classificazione più tardi si sviluppò il sistema Bugei Juhappan. La scuola Kukishin Ryu è famosa per le sue tecniche con il bastone lungo Rokushaku Bo 六尺棒 e quello corto Sanshaku Bo 三尺棒.

Dojo Kun 道場訓 (Il codice del Dojo):
1) Sapere che la pazienza viene per prima.
2) Sapere che il cammino dell'essere umano viene dalla giustizia.
3) Rinunciare all'avarizia, indolenza e ostinazione.
4) Riconoscere la tristezza e le preoccupazioni come naturali, e cercare il cuore irremovibile.
5) Non allontanarsi dal cammino di lealtà e amore fraterno e scavare sempre più profondamente nel cuore del Budo.

Il seguente codice è parte delle regole del Dojo.

Meiji 23 (1890) Primavera, Toda Shinryuken Masamitsu
Showa 33 (1958) Marzo, Takamatsu Toshitsugu Uou
Hatsumi Masaaki Byakuryu

Soke Masaaki Hatsumi
宗家初見良昭

Il Dr. Masaaki Hatsumi è nato in Giappone nella prefettura di Chiba il 2 dicembre del 1931, si è laureato all'Università Meiji in medicina dove ha approfondito anche lo studio del teatro tradizionale, delle arti, della pittura e della cultura giapponese.

Ha scritto diversi libri in lingua giapponese ed inglese di Ninjutsu, di Budo (Arti Marziali Giapponesi) e di poesia, ed ha realizzato numerosi video sulle tradizioni Ninja. Ha inoltre preso parte alla realizzazione di molti film, documentari di storia, trasmissioni televisive, nonché come consulente sulle scene di combattimento di famosi film come ad esempio 007 "Si vive solo due volte", infatti è famoso per aver curato le scenografie per i film Ninja del famoso attore Sonny Chiba.

Il Dr. Hatsumi iniziò a studiare le arti marziali all'età di sette anni e raggiunse in breve il grado d'istruttore di Judo, Kendo, Karate e Aikido ed esperto di Kobudo fino a quando divenne allievo diretto di Takamatsu Toshitsugu, andando da lui ogni fine settimana facendo in treno più di 1300 Km solo per allenarsi con lui, questo per quindici anni, mentre durante la settimana lavorava nella sua clinica come chiropratico. Prima della morte del Gran Maestro Toshitsugu, il 2 aprile 1972, Masaaki Hatsumi, nonostante la sua giovane età, divenne il suo successore ed erede delle scuole:

34° successore	Togakure Ryu Ninpo Taijutsu	戸隱流忍法体術
28° successore	Gyokko Ryu Koshijutsu	玉虎流骨指術
28° successore	Kukishin Ryu Happo Bikenjutsu	九鬼神流八法秘劍術
26° successore	Shinden Fudo Ryu Dakentaijutsu	神傳不動流打拳体術
18° successore	Koto Ryu Koppojutsu	虎倒流骨法術
18° successore	Gikan Ryu Koppojutsu	義鑑流骨法術
17° successore	Takagi Yoshin Ryu Jutaijutsu	高木揚心流柔体術
14° successore	Kumogakure Ryu Ninpo Taijutsu	雲隱流忍法体術
15° successore	Gyokushin Ryu Ninpo Taijutsu	玉心流忍法體術

Al Soke Masaaki Hatsumi è stato conferito il Premio giapponese della Cultura "Higashikuni no Miha" 東久邇宮文化褒賞, fondato il 18 aprile 1963. Questo premio ha una sola classe, e può essere assegnato a uomini e donne per i contributi all'arte giapponese, della letteratura o della cultura. Il premio viene assegnato nella Giornata della Cultura (il 3 novembre) di ogni anno al Palazzo di Higashikuni no Miha.

Soke Takamatsu Toshitsugu
宗家 高松寿嗣

Tecnica Kuri Gaeshi 栗返し eseguita dal Soke Takamatsu Toshitsugu.

La famiglia Takamatsu era originaria di Matsugashima in Ise. Il padre di Takamatsu ricevette il grado di maestro di Shugendo del tempio di Kumano. Il più grande desiderio di suo padre era quello che Toshitsugu diventasse un militare, così suo padre lo mandò ad allenarsi dallo zio e maestro di arti marziali Toda Shinryuken Masamitsu. Da quel giorno Takamatsu fu mandato al Dojo della scuola Shinden Fudo Ryu Jutaijutsu di suo zio, Toda Shinryuken Masamitsu era un famoso artista marziale che insegnò presso l'accademia militare di Nakano. Takamatsu Sensei a 13 anni ricevette il Menkyo Kaiden 免許皆伝 (diploma di conoscenza completa) della scuola Shinden Fudo Ryu. Dare il diploma di maestro ad allievi così giovani non era usuale, dato che bisognava raggiungere un alto livello di abilità, perché il Maestro arrivasse a riconoscere l'allievo di esserne all'altezza. Dopo questa scuola, suo zio gli insegnò la Koto Ryu, Togakure Ryu, Kumogakure Ryu, Gyokko Ryu e Gyokushin Ryu.

Nel 1900 Takamatsu Sensei entrò alla scuola inglese di Georg Bundow e alla scuola Cinese classica di Kobe. Fu allora che diventò membro del Dojo della scuola Takagi Yoshin Ryu, dove Mizuta Yoshitaro Tadafusa era il 15° Soke.

Quando Takamatsu aveva 17 anni, arrivò alla fabbrica di suo padre, un nuovo capo della sicurezza un uomo anziano il quale era famoso nelle arti marziali in Giappone, si chiamava Ishitani Matsutaro Takekage. Normalmente usava un vecchio Bokken di quercia come bastone da passeggio. A Ishitani fu anche dato una piccola area della fabbrica da usare come Dojo. Con altre persone Takamatsu sfruttò l'occasione di studiare sotto l'anziano Maestro. Da lui apprese la scuola "Kukishin Ryu Happo Bikenjutsu". Ishitani conosceva anche varie arti del Ninjutsu. Ishitani insegnò a Takamatsu altre due scuole di cui ne era il Soke. Queste erano la Takagi Yoshin Ryu (un ramo diverso della scuola precedente che Takamatsu aveva già appreso da Mizuta), e la Gikan Ryu Koppojutsu.

Takamatsu durante la seconda guerra mondiale andò in Cina e fece diversi lavori, fra cui anche quello di insegnante di arti marziali, infatti insegnò le arti marziali giapponesi alla scuola inglese, arrivò ad avere più di 1000 studenti, e proprio per questo veniva continuamente sfidato da altri istruttori di arti marziali. Nel diario di Takamatsu si afferma che in Cina vinse 12 combattimenti mortali, e 7 incontri.

Hanbojutsu no Kigen
半棒術の起源

(Origini dell'arte del bastone corto giapponese)

Si dice che l'arte del combattimento del bastone corto chiamata in giapponese Hanbojutsu 半棒術, nacque quando le lance dei guerrieri venivano rotte in mezzo alla battaglia, i quali utilizzarono abilmente la rimanente metà dell'asta della lancia in combattimento. Dalle tecniche di Hanbo furono sviluppate più tardi le tecniche del bastone con la lama nascosta Shikomi-Zue 仕込み杖.

Si dice che le tecniche di Hanbojutsu siano esistite fin dall'antichità della storia giapponese, per esempio, quando Yamato Takeru No Mikoto combatté contro Izumo Takeru, si racconta che Yamato Takeru No Mikoto sconfisse Izumo Takeru con un colpo con l'estremità del bastone corto.

Nel Bujinkan Dojo le tecniche del Hanbojutsu vengono principalmente dalla scuola Kukishin Ryu 九鬼神流 della famiglia Kuki 九鬼 (Nove Demoni). Molte scuole o Ryu-Ha 流派 sono connesse con la famiglia "Kuki" che è stata originata dal Clan Nakatomi (Fujiwara).

Un famoso personaggio del clan Fujiwara era Fujiwara No Kamatari che nel 645 durante una ribellione fu la forza decisiva che portò fine ad essa.

Gli fu dato dal 38° imperatore Tenchi la pergamena segreta "Amatsu Tatara Hibun" 天津蹈鞴秘文, come ricompensa e per educarlo alla nuova posizione di Primo Ministro. Questa pergamena contiene le informazioni per governare efficientemente e per mantenere la nazione in pace.

Amatsu Tatara 天津蹈鞴 può essere tradotto come: Amatsu 天津: Residenza Divina o il luogo dove dimorano le divinità; Tatara 蹈鞴: I più alti principi della natura i quali sono i più grandi segreti delle arti marziali Bumon 武門 e spirituali Shumon 宗門. I simboli più antichi di queste pergamene hanno più di 2500 anni, intorno a questo periodo di tempo, un gruppo di malesi, tibetani, cinesi e coreani scapparono dai propri paesi, arrivando in Giappone. Queste persone portarono con loro i costumi, la filosofia, le abilità marziali, la scrittura e le conoscenze mediche che furono lentamente assimilate nella cultura giapponese.

Nel 607, (dopo Cristo) Nakatomi Kamatari, insieme all'imperatore Tenchi, uccisero il potente capo della famiglia Soga che aveva totalmente sotto il suo controllo la corte imperiale giapponese. Come ricompensa Kamatari divenne Shogun, e in questo ruolo iniziò la riforma dell'era Taika (645) e stabilì il governo centrale nel Giappone.

Nel 669, Nakatomi Kamatari assunse il cognome Fujiwara e divenne il fondatore del clan Fujiwara-Shi 藤原氏 che dominò il Giappone dal IX al XVIII secolo.

Il clan Fujiwara regnò per più di 600 anni, grazie alla loro copia del Amatsu Tatara Hibun, diedero origine al Shinden Fujiwara Muso Ryu 神傳藤原無双流, dal quale ebbe poi origine la scuola Kukishin Ryu.

Nella scuola Kukishin Ryu vi è la leggenda di come nacquero le tecniche del Hanbojutsu in questa scuola, quando un suo componente Ohkuni Taro Takehide incontrò nel campo di battaglia Yashiro Gonnosuke Ujisato, la lancia del primo fu spezzata in due durante la battaglia, Ohkuni usando la metà rotta dell'asta della lancia abbatte Yashiro.

Kuriyama Ukongen Nagafusa sviluppò le tecniche di Hanbojutsu della scuola Kukishin Ryu, queste riprese da Ohkuni Kogenta Yukihisa creò le tecniche di Jojutsu 杖術 (arte del bastone lungo 4 piedi Yonshaku 四尺 circa 120 cm) partendo infatti dalle conoscenze del Hanbojutsu 半棒術 (tecniche del bastone corto), Rokushaku Bojutsu 六尺棒術 (tecniche del bastone lungo), e Kenpo 劍法 (l'antica arte delle spada).

三心の構

SANSHIN NO KAMAE
(Postura dei tre cuori)

Nelle pergamene più antiche della scuola Kukishin Ryu che si chiamano Shinden Amatsu Tatara Ryu Hanbojutsu 神伝天津蹈鞴流半棒術, le quali sono basate sulla pergamena Amatsu Tatara Kangi Den 天津蹈鞴槓技伝 vi sono descritte tre posture in giapponese Kamae 構 che sono; Kata Yaburi, Munen Muso e Otonashi. Queste insieme vengono chiamate Sanshi Den 三志伝, Sanshin no Kamae 三心の構 e Sanso no Kata 三想の型. Il Gran Maestro Takamatsu Toshitsugu utilizzava il termine Sanshin no Kamae 三心の構.

Kata Yaburi no Kamae　　　**Munen Muso no Kamae**　　　**Otonashi no Kamae**
型破の構　　　無念無想の構　　　音無の構

Kata Yaburi no Kamae
型破の構

(Postura distruzione della forma)
"L'attitudine di rottura della forma."

Anche chiamata Hira Ichimonji no Kamae 平一文字の構, Kachimi 勝身の構, Kata Yaburi no Kokoro 型破の心.

Per assumere la posizione in modo corretto mantenere la schiena eretta, i piedi all'altezza delle spalle, tenere il bastone con entrambe le mani orizzontale rispetto al terreno, come atteggiamento mentale Kokoro Gamae 心構え si deve essere rilassati, ma sempre allerta, deve essere una vigilanza spirituale che non deve trasparire dall'espressione facciale ne dalla posizione del corpo. Il vantaggio di questa posizione è che non mette in allerta l'avversario.

Kata Yaburi no Kamae Yori no Bo
型破の構えよりの棒

(Colpire con il bastone dalla postura Kata Yaburi no Kamae Mugamae 型破の構無構 "Postura senza postura di rottura della forma").

Sukui Uchi
すくい打ち

(Colpo a cucchiaio)

Da Kata Yaburi no Kamae avanzare con il piede sinistro colpendo dal basso verso l'alto con l'estremità sinistra del Hanbo colpendo Gedan 下段 (basso), Chudan 中段 (medio) o Jodan 上段 (alto) con Uchi Age 打ち上げ (colpire verso l'alto) o Hane Age 跳ね上げ.

Hane Age 跳ね上げ colpendo Jodan 上段.

Uchi Age 打ち上げ colpendo Gedan 下段.

Han Gaeshi Uchi
半返し打
(Colpo con mezza rotazione)

Da Kata Yaburi no Kamae spostarsi leggermente a lato e lanciando con la mano sinistra il bastone farlo ruotare di 180° nella mano destra colpendo al polso dell'avversario riafferrando il bastone con la mano sinistra.

Katate Furi
片手振り
(Rotazione a una sola mano)

Da Kata Yaburi no Kamae rimanendo sul posto guardare a sinistra andando in Yoko Ichimonji no Kamae 横一文字の構 (cambiando l'impugnatura della mano destra), avanzare con il piede destro e lasciando la presa con la mano sinistra utilizzare il peso del bastone per eseguire una rotazione Furi 振り dal basso verso l'alto colpendo dall'alto il punto vitale sinistro chiamato Kasumi 霞 (si colpisce impugnando il bastone con la presa invertita chiamata Gyakute 逆手).

Munen Muso no Kamae
無念無想の構

(Postura senza mente e senza pensieri)
"L'attitudine di essere liberi da tutti i pensieri che distraggono la mente."

Questa posizione è anche chiamata Tate no Kamae 楯の構え, Shinsen no Kamae 神仙の構, Mushin no Kokoro 無念の心, Mushin no Kamae Mugamae 無心の構え無構え, Shizen no Kamae 自然の構え.

Per assumere la posizione in modo corretto mantenere la schiena eretta, i piedi all'altezza delle spalle, tenere il bastone con la mano destra a lato come un bastone da passeggio, come atteggiamento mentale Kokoro Gamae 心構え si deve essere rilassati, senza pensieri, la mente è sempre pronta a un possibile attacco da qualsiasi direzione perché non fissa su un pensiero particolare mantenendo quindi lo stato di Mushin 無心. Il vantaggio di questa posizione è che dà all'avversario la sensazione che non siete in guardia, ma intenti a camminare.

Munen Muso no Kamae Yori no Bo
無念無想の構えよりの棒
(Colpire con il bastone dalla postura senza mente e senza pensieri)

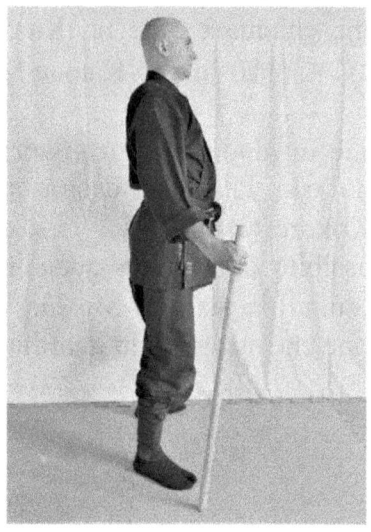

Tate Tobi
楯飛び
(Salto scudo)

Da Munen Muso no Kamae saltare in alto, una volta in aria colpire con una mano oscillando il bastone, "Kukan de no Katatefuri" 空間での片手振 (Oscillazione con una mano nello spazio), per eseguire questa tecnica è importante allenarsi nel Taihenjutsu 体変術 "Movimento del corpo" del Shiho Tenchi Tobi 四方天地飛び "Saltare nelle quattro direzioni cielo e terra".

Migi Hachiji Katate Furi
右八字片手振り
(Rotazione a otto con la mano destra)

Da Munen Muso no Kamae oscillare il bastone in forma di Hachi 八 (8 in giapponese) con la mano destra formando così il segno dell'infinito ∞ nell'aria.

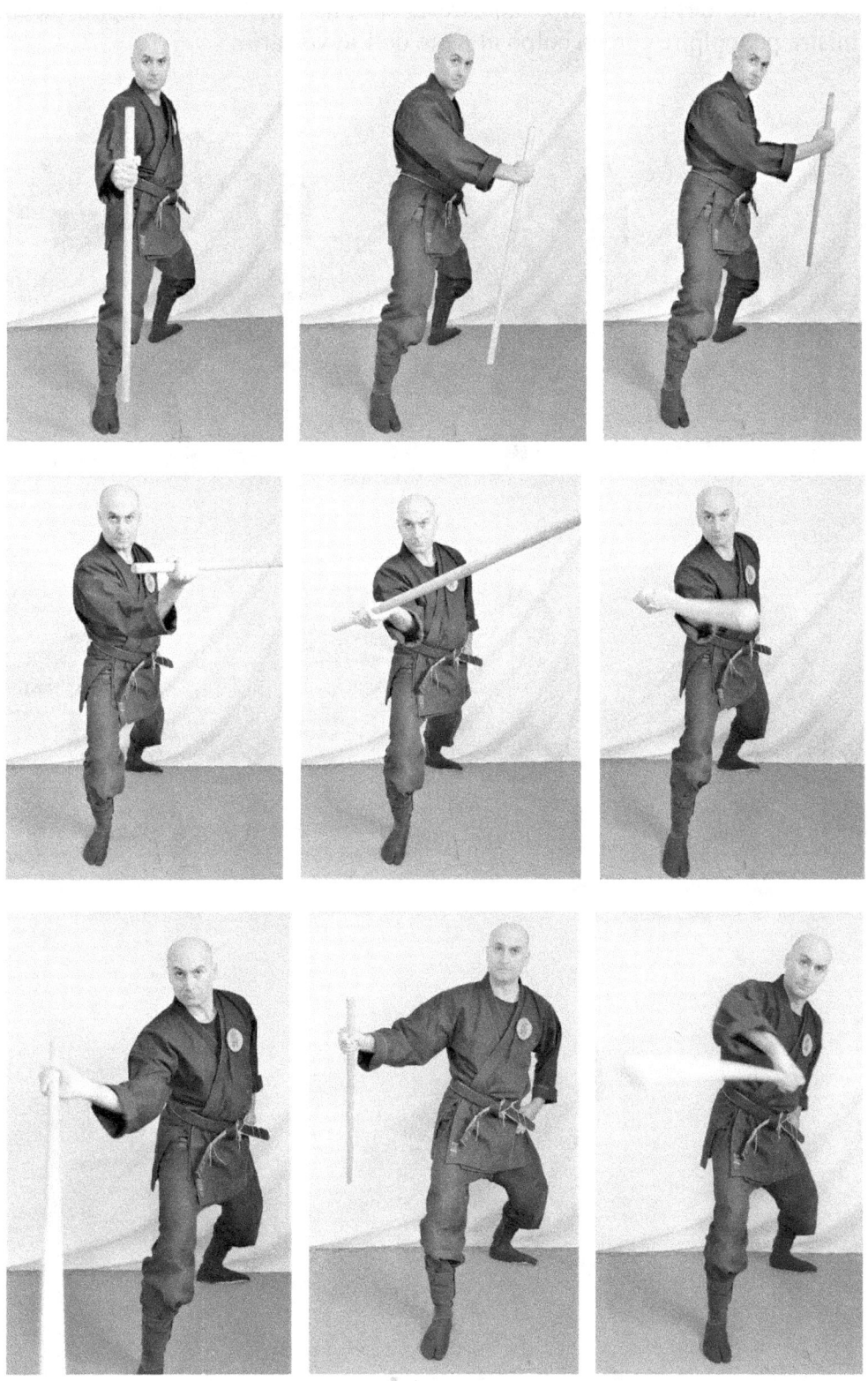

Tsuki Gaeshi
突き返し
(Affondo rovesciato)

Da Munen Muso no Kamae avvolgere il bastone con il braccio portando l'estremità inferiore sotto l'ascella e colpire con l'estremità superiore con un affondo avanzando con il piede destro, lasciare il bastone da sotto l'ascella e afferrarlo con la mano sinistra e indietreggiando con il piede destro colpire a il punto vitale destro Kasumi, lanciare il bastone con la mano destra facendolo ruotare nella mano sinistra per colpire con un colpo al Kote dell'avversario.

Tsuki Do Furi
突き胴振り
(Affondo e rotazione dal torso)

Da Munen Muso no Kamae avvolgere il bastone con il braccio portando l'estremità inferiore sotto l'ascella e colpire con l'estremità superiore con un affondo, avanzando con il piede destro, immediatamente lasciare il bastone da sotto l'ascella e afferrarlo con la mano sinistra e colpire a sinistra il tronco Hidari Do Uchi 左胴打.

(Particolare dell'affondo con il bastone).

Katate Furi Men Uchi
片手振り面打

(Colpo al viso facendo una rotazione con una mano)

Da Munen Muso no Kamae avanzare con il piede destro eseguire un Furi dal basso verso l'alto lateralmente colpendo il punto vitale Kasumi sinistro, e afferrando il bastone con la mano sinistra colpire nel punto vitale chiamato Tento 天頭.

Henka Katate Furi Men Uchi
変化 片手振り面打

(Variante colpo al viso facendo una rotazione con una mano)

Da Munen Muso no Kamae avanzare con il piede destro eseguire un Furi dal basso verso l'alto colpendo il punto vitale chiamato Asagasumi 朝霞, e afferrando il bastone con la mano sinistra colpire nel punto vitale chiamato Tento.

Tokikaku Uchi
頭鬼角打ち

(Colpo con lo spigolo del bastone, chiamato "Colpo con il corno del demone")

Si può utilizzare lo spigolo dell'estremità del bastone o il suo bordo per colpire diversi punti e in diversi modi come:

Colpire con lo spigolo dell'estremità del bastone il pugno, Uchi Harai 打払.

Colpire con Tokikaku Uchi nel punto vitale Jakkin, Jakkin Uchi 弱筋打.

Colpire con Tokikaku Uchi nel punto vitale Tento, Tento Uchi 天頭打.

Colpire con Tokikaku Uchi nel punto vitale Yaku, Yaku Uchi 扼打.

Colpire con Tokikaku Uchi nel punto vitale sotto lo zigomo destro, Migi Kenkotsu Uchi 右顴骨打.

Colpire con Tokikaku Uchi nel punto vitale Asagasumi, Asagasumi Itto Uchi 朝霞一当打.

Compressione dolorosa con lo spigolo del bastone sulle ossa, Kotsu Itami Dori 骨痛捕り.

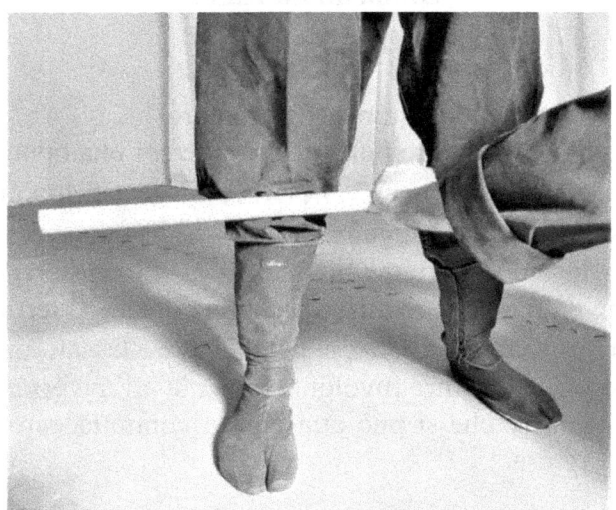

Tenendo il bastone al centro colpire con il bordo le tibie dell'avversario, Ryo Ashi Uchi 両足打.

Colpire il viso e l'addome con il bordo del bastone in verticale, Tate Uchi 立打.

Otonashi no Kamae
音無の構
(Postura senza rumore)
"L'attitudine di non dire nulla e aspettare per una opportunità."

Anche conosciuta come Danpi no Kamae 断飛の構, Kage no Ippon 影の一本, Otonashi no Kokoro 音無の心, Otonashi no Kamae Mugamae 音無の構無心.

Per assumere la posizione in modo corretto mantenere la schiena eretta, i piedi all'altezza delle spalle, tenere il bastone con entrambe le mani orizzontale rispetto al terreno dietro la schiena, come atteggiamento mentale Kokoro Gamae 心構え si deve essere rilassati, pronti a colpire ma senza far trasparire le proprie intenzioni, senza dire involontariamente all'avversario che cosa vogliamo fare. Il vantaggio di questa posizione è che si può attaccare o contrattaccare l'avversario in modi a lui inaspettati cogliendolo di sorpresa.

Otonashi no Kamae Yori no Bo
音無しの構えよりの棒
(Colpire con il bastone dalla postura senza rumore)

Otonashi no Kamae Katate Furi
音無しの構え片手振り
(Rotazione con una sola mano dalla postura senza rumore)

Da Otonashi no Kamae lasciare la presa con la mano sinistra e colpire dal basso verso l'alto spostando il peso del corpo a sinistra.

Kuri Gaeshi
栗返し

("Rovesciare la castagna" anche chiamata Kachiguri no I 勝栗の意 Idea della castagna secca)
Da Otonashi no Kamae ruotare il polso portando l'estremità del bastone sopra la spalla destra e colpire al punto vitale Tento.

KISO
(Fondamentali)

Le tecniche che si definiscono "fondamentali" in giapponese Kiso 基礎 sono importantissime e dovrebbero essere allenate in modo costante non importa che grado si sia arrivati, infatti alcuni individui sono affetti dall'effetto Dunning-Kruger che è una distorsione cognitiva a causa della quale individui poco esperti in un campo tendono a sopravvalutare le proprie abilità, pensando a torto di essere esperti in materia, per questo ci si deve mantenere sempre umili e allenarsi anche nelle tecniche fondamentali. Nelle arti marziali come in qualsiasi altra arte è importante mantenere un allenamento costante non solo per migliorarsi e affinare la propria abilità, ma anche per mantenere le abilità acquisite. Molto spesso la maggior parte delle persone tende a procrastinare, per questo è importante allenarsi utilizzando il principio Kaizen 改善 (migliorarsi) che come dice il Soke Masaaki Hatsumi consiste nell'allenarsi senza sforzo per migliorarsi, molto spesso le persone pensano si debba iniziare un allenamento partendo subito al massimo ma così facendo sarà contro produttivo, questo spesso perché si ha fretta di ottenere dei risultati, l'importante è avere pazienza ed allenarsi passo dopo passo creando sane abitudini, per potersi migliorare giorno dopo giorno.

Akuheki
"Si deve abbandonare le brutte abitudini per diventare bravi".

Masaaki Hatsumi

Keri

蹴り

(Calci)

Calciare da Munen Muso no Kamae con il bastone nella mano destra, allenarsi calciando in avanti indietro a destra e a sinistra Shiho Geri 四方蹴.

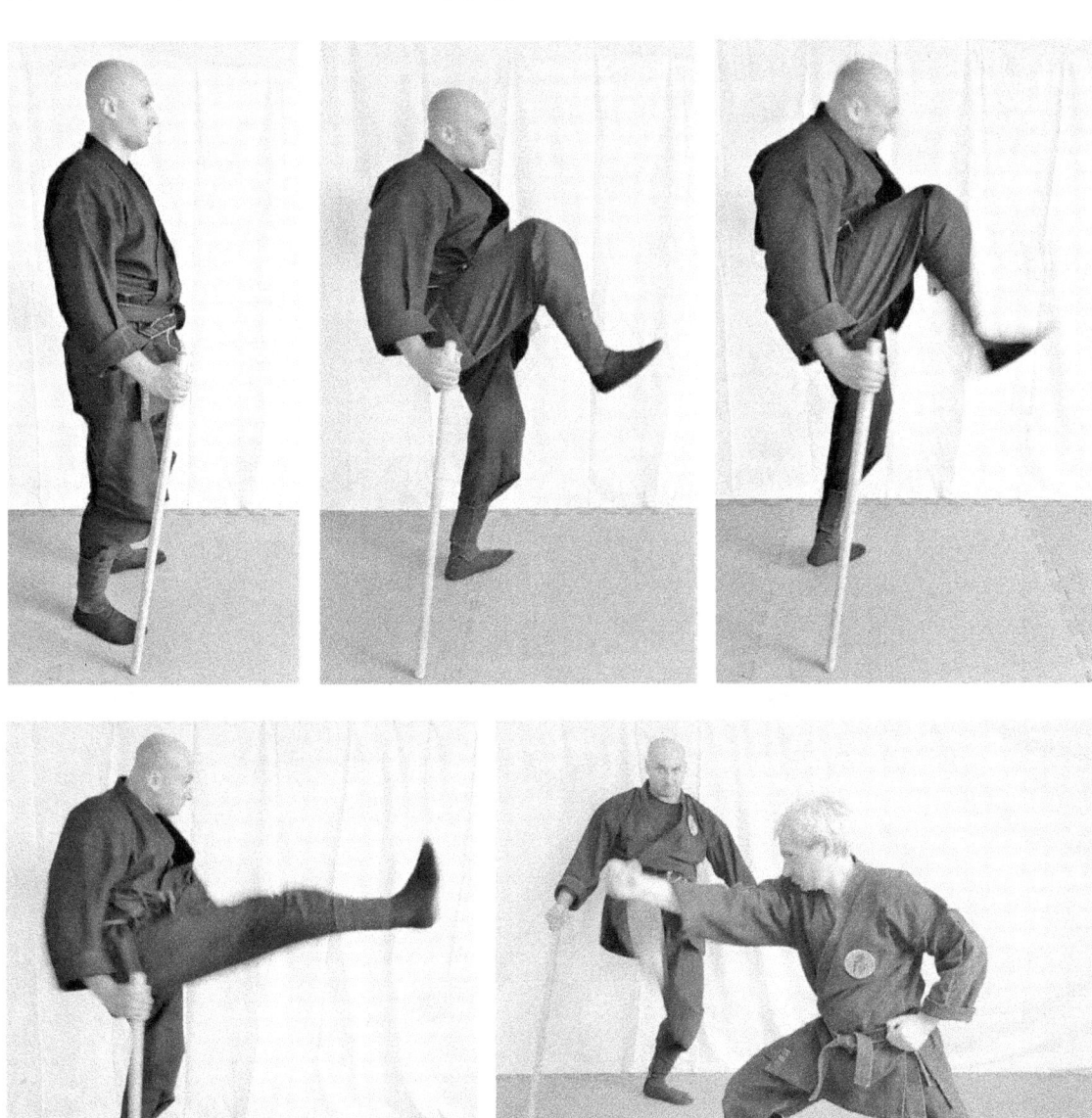

Applicazione, calciare il pugno avversario.

Sanshin no Taihen
三心の体変
(Movimento del corpo dei tre cuori)

Partendo da qualsiasi Kamae allenarsi per sviluppare il movimento del corpo piegandosi sulle ginocchia, flettere all'indietro e poi flettere in avanti. Tai no Furi Tsuki 体の振り突き (Affondo con oscillazione del corpo). Shin 心 (Cuore o mente) di Sanshin può anche essere scritto con l'ideogramma per "Furi" 振 (Oscillare).

Kyuho Uchi
九法打ち
(Nove metodi di colpo)

Da Kata Yaburi no Kamae praticare Hiza Uchi 膝打, Do Uchi 胴打, Kasumi Uchi 霞打, Tento Uchi 天頭打, Uchi Age 打ち上げ e Tsuki 突. Anche chiamato Uchi Waza 打技 (Tecniche dei colpi).

Hiza Uchi 膝打 praticare colpendo il ginocchio sinistro e destro (anche chiamato Sune Uchi 脛打).

Do Uchi 胴打 praticare colpendo il torso da sinistra e da destra (anche chiamato Waki Uchi 脇打).

Kasumi Uchi 霞打 praticare colpendo la tempia sinistra e destra (anche chiamato Yokomen Uchi 横面打).

Tento Uchi 天頭打 colpire nel punto vitale sopra la testa (anche chiamato Men Uchi 面打).

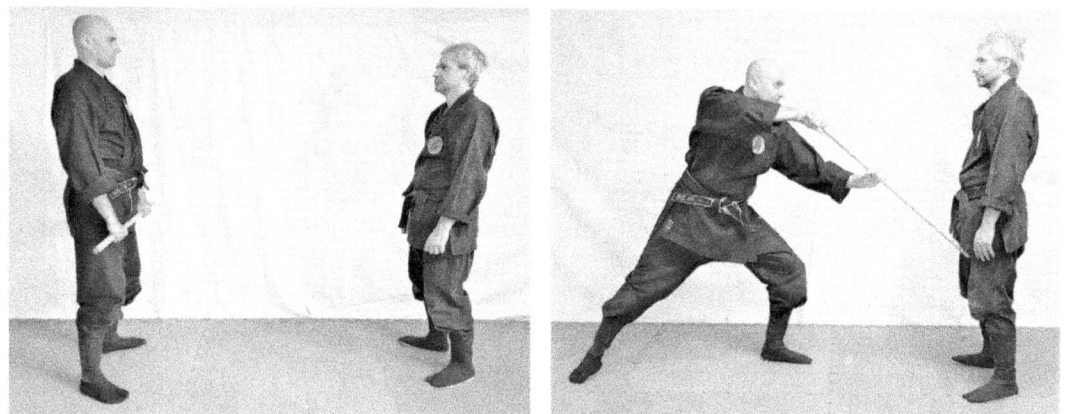

Uchi Age 打ち上げ (anche scritto 打揚) colpire nel punto vitale dell'inguine (si può colpire anche con Hane Age 跳ね上げ anche scritto 跳擧).

Tsuki 突 colpire con un affondo il punto vitale chiamato Suigetsu.

Taihenjutsu
体変術

(Arte del movimento del corpo)

La pratica delle cadute e dei rotolamenti sono essenziali nelle arti marziali, per questo si deve essere in grado di farlo anche con un'arma in mano. Praticare le cadute con il bastone in mano.

UKEMI GATA 受身型 (Forma di ricevere con il corpo)

Zenpo Kaiten 前方回転 Rotolare frontalmente.

Sokuho Kaiten 側方回転 Rotolare lateralmente.

Tate Nagare 立流れ Fluire da in piedi.

Gyaku Nagare 逆流れ Fluire torcendosi.

Yoko Nagare 横流れ Fluire di lato.

Junagare 順流れ Fluire nell'occasione, rotolare in diagonale.

Taisabaki Gata
体捌き型
(Forma degli spostamenti del corpo)

Praticare gli spostamenti del corpo difensivi colpendo con il bastone evitando gli attacchi internamente Ura 裏 e esternamente Omote 表.

Naname Ushiro Ura Waki Uchi
斜め後ろ裏脇打

Naname Mae Omote Waki Uchi
斜め前表脇打

Mawashi Kote Uchi Ura
廻し小手打裏

Kote Uchi Omote
小手打表

Katate Tsuki
片手突

Sabaki Dori
捌き捕り
(Evitare e afferrare)

Evitare il pugno colpendo con il bastone il torso dell'avversario e afferrare il polso, Ura 表 interno e Omote 表 esterno (questo movimento base serve per eseguire tecniche come Tsuke Iri oppure Koshi Ori e tante altre).

Sabaki Dori Ura
捌き捕り裏

Sabaki Dori Omote
捌き捕り表

Ashi Dori
足し捕り
(Cattura della gamba)

L'avversario tira un calcio frontale destro, da Kata Yaburi no Kamae evitare all'esterno e colpire con l'estremità destra all'interno della caviglia destra dell'avversario, come appoggia la gamba a terra colpire con l'estremità sinistra del bastone facendo pressione in maniera da portare l'avversario a terra, controllare facendo una pressione con il bastone sopra le articolazioni del ginocchio e del gomito destro.

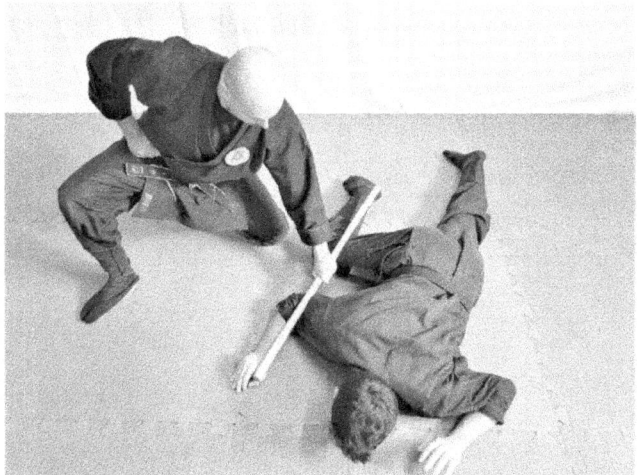

Sankaku Jime
三角締め
(Strangolamento a triangolo)

Kubi 首

Le tecniche di strangolamento sono tecniche molto pericolose, e si deve fare molta attenzione nel praticarle, si deve iniziare con una pressione leggera e aumentarla gradualmente, MAI si deve portare il proprio compagno in stato di incoscienza, si dovrebbe praticarle sotto la supervisione del proprio insegnante che dovrebbe conoscere le tecniche base di rianimazione, o le tecniche tradizionali di resuscitazione giapponesi chiamate Kappo 活法 o Katsu 活.

Tekubi 手首

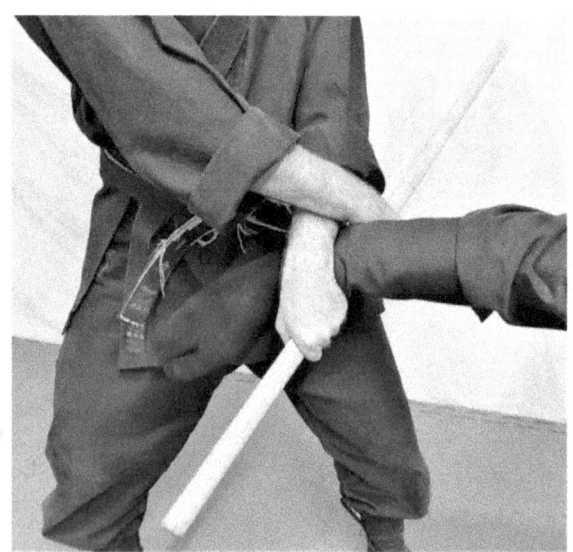

Ashikubi 足首

Shime Tejun
締め手順

(Come mettere le mani per strangolamenti)
Metodi di posizionamento delle mani nell'uso del Sankakujime:

Ryotenouchi Uchi Mukou 両掌内向こう Entrambi i palmi verso il basso.

Kousa 交差 Palmi invertiti.

Ryotenouchi Soto Mukou 両掌外向こう Entrambi i palmi verso l'alto.

Katate Buri
片手武利

(Rotazione a una mano, l'ideogramma per rotazione Furi 振り può anche essere letto come Buri, qui è sostituito con gli ideogrammi per marziale Bu 武 e vantaggio Ri 利)
Da Munen Muso no Kamae praticare i seguenti colpi da questa posizione oscillando il bastone con una sola mano.

Asagasumi Uchi 朝霞打ち

Kinteki Uchi 金的打ち

Hidari Kasumi Uchi 左霞打ち

Hadome Uchi 歯止打ち

Migi Kasumi Uchi 右霞打ち

Ashi Harai 足払い

Ryo Ashi Harai 両足払い

Kaze Harai 風払い

Katate Kakae Bo
片手抱え棒
(Abbracciare il bastone con una mano)

L'avversario colpisce con un pugno destro, da Munen Muso no Kamae evitare all'esterno e avvolgendo il bastone sotto il braccio colpire con l'estremità superiore al punto vitale Uko 雨戸, oppure colpire al punto vitale Asagasumi con un affondo, o con un affondo ascendente Hanetsuki 跳突き.

Uko Uchi 雨戸打ち

Asagasumi Tsuki 朝霞突き

Asagasumi Hane Tsuki 朝霞跳突き

Furi Tsuki
振り突き
(Rotazione e affondo)

L'avversario attacca con un pugno destro, da Kyo Migi Jodan no Kamae 虚右上段の構え evitare all'esterno e ricevere colpendo con l'estremità del bastone al Jakkin, afferrare l'altra estremità con la mano sinistra e colpire il punto vitale destro Koran 虎乱.

Soe Te Uchi
添手打

(Colpire accompagnando/deviando la mano)

L'avversario attacca con un pugno destro, da Munen Muso no Kamae passare a Tenchi Furi no Kamae 天地振りの構え e colpire dall'alto verso il basso al Jakkin, da qua si può eseguire Ashi Barai 足払, Do Uchi e Tsuki, e altre varianti.

Henka 変化 Variante:

L'avversario attacca con un pugno destro, da Munen Muso no Kamae evitare all'interno e afferrare l'estremità finale con la mano sinistra colpendo il braccio dell'avversario dal basso deviandolo facendo girare l'avversario, colpire la spalla verso il basso, e premere con il ginocchio destro sulla gamba destra dell'avversario portandolo a terra.

Kote Gaeshi Uchi
小手返し打ち
(Colpo rovesciato al polso)

L'avversario attacca con un pugno destro, da Munen Muso no Kamae appoggiare il bastone sul braccio sinistro e controllare il pugno dell'avversario abbassandolo, inserire il bastone fra le gambe e afferrarlo con la mano sinistra e tirare per fa cadere l'avversario a faccia a terra e controllare con Sokkotsu Ori.

Ate Gaeshi Ichi (Uchi Taoshi)
当返し一 (打ち倒し)

(Colpo di rovescio; uno; anche chiamata "Colpire e abbattere")

L'avversario attacca con una doppia presa al bavero, da Kata Yaburi no Kamae fare un passo indietro con il piede destro ed inarcando la schiena leggermente indietro colpire sotto le braccia dell'avversario, poi avanzare con il piede destro portando indietro il sinistro eseguendo uno Tsuki al punto vitale Suigetsu 水月 o eseguire un Tate Uchi 立打 sopra la fronte (colpo con il bastone in verticale).

Tate Uchi 立打

Ate Gaeshi Ni
当返し二
(Colpo di rovescio; due)

L'avversario attacca con un calcio destro, da Kata Yaburi no Kamae anticipare avanzando uscendo leggermente all'esterno colpire alla tibia destra dell'avversario mentre calcia semplicemente alzando leggermente il bastone, inginocchiarsi sulla gamba sinistra e colpire con l'estremità destra il ginocchio sinistro dell'avversario.

Ate Gaeshi San
当返し三
(Colpo di rovescio; tre)

L'avversario attacca con un calcio destro, da Kata Yaburi no Kamae anticipare avanzando direttamente con la gamba destra e colpire la gamba dell'avversario mentre calcia semplicemente alzando leggermente il bastone, colpire con l'estremità sinistra l'interno coscia destro e poi quello sinistro, andando in ginocchio sulla gamba sinistra colpire l'interno del ginocchio destro facendo cadere l'avversario, controllare comprimendo la caviglia destra con il bastone.

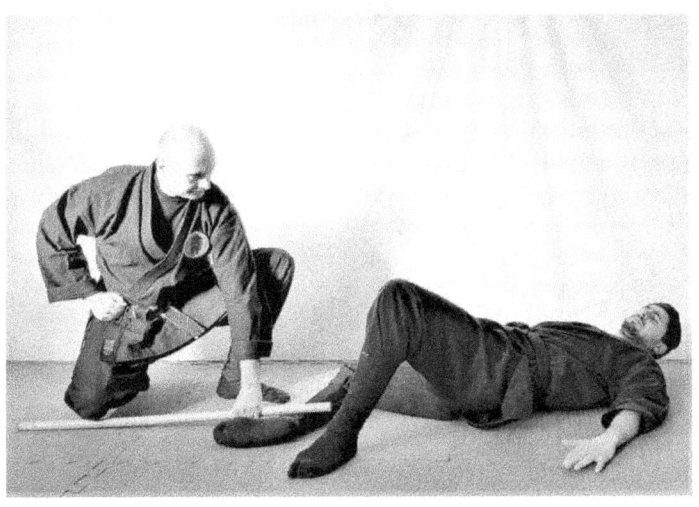

KIHON HAPPO
(Otto metodi base)

Il Kihon Happo 基本八法 è una forma base all'interno della scuola Gyokko Ryu Koshijutsu, e consiste nel Koshi Sanpo No Kata 骨指三法の型 "forma dei tre metodi di colpire con le ossa delle dita" e nel Torite Goho No Kata 捕手五法の型 "forma dei cinque metodi di cattura della mano". Si dice che se non si è in grado di padroneggiare questa forma la propria abilità nelle arti marziali non sarà abbastanza buona. Si dice anche che le miriadi di tecniche delle arti marziali siano nate da queste otto tecniche base.

Il Kihon Happo non è limitato al Kihon Happo del Gyokko Ryu Koshijutsu, ma esiste dormiente all'interno di tutte le nove Scuole. Imparando il Kihon Happo, seguite dalle tecniche del Juppo Sessho come uno strumento di auto difesa, si può anche imparare anche l'uso del coltello, della pistola e risvegliandosi al Sanshin no Kata nelle tre direzioni usando la polvere accecante, gli Shuriken, e le pietre, come anche il combattimento con il bastone. Questo per essere in grado di sviluppare il sentimento base del "combattimento reale" Jissen 実戦.

Allenandosi nel Kihon Happo e nelle sue infinite varianti Banpen Henka 万変変化, non solo a mani nude ma anche con le armi, ci vogliono anni di pratica per poter comprenderlo a pieno. Ci deve essere equilibrio nell'allenamento conscio e inconscio, non focalizzandosi solo nell'allenamento della tecnica in se, ma anche nelle sue varianti, se no non si potrà mai comprendere i principi più profondi del Budo, in questo modo le arti marziali si mantengono vive e sempre attuali. Infatti il vero Kihon Happo è un qualcosa di vivo, si pensi a uno degli insegnamenti base del Buddismo "L'impermanenza di tutte le cose", infatti tutte le cose cambiano continuamente e nulla è permanente. Le tecniche mostrate di seguito provengono dal combattimento a mani nude Taijutsu del Kihon Happo – Torite Goho no Kata e delle sue varianti applicate al combattimento con il bastone corto Hanbo.

体術
Taijutsu

"Se puoi solo eseguire il Taijutsu 体術 (combattimento a mani nude), ma non sai usare le armi, non capirai mai veramente (il Budo). Il Taijutsu rappresenta il primo terzo di quello che studiamo. Lo studio dell'uso delle armi come parte naturale del proprio Taijutsu rappresenta i restanti due terzi".

Masaaki Hatsumi

Omote Gyaku Dori

表逆捕り

(Cattura torsione esterna)

L'avversario afferra l'estremità destra del bastone con la sua mano destra, ruotare il bastone in senso antiorario mettendo la chiave articolare Omote Gyaku, per evitare che lasci la presa afferrare la sua mano o le sue dita con la propria mano destra mantenendo la presa del bastone.

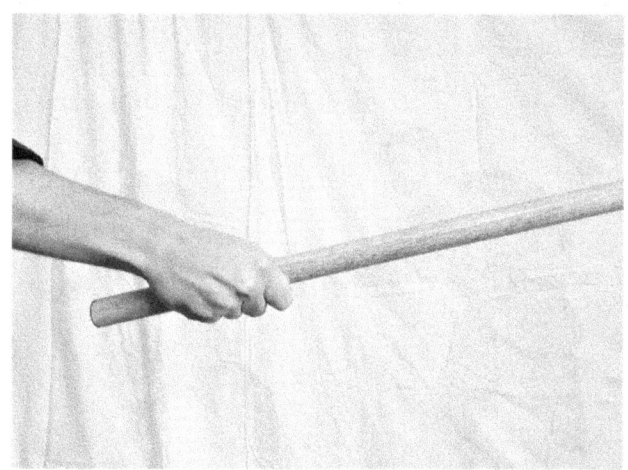
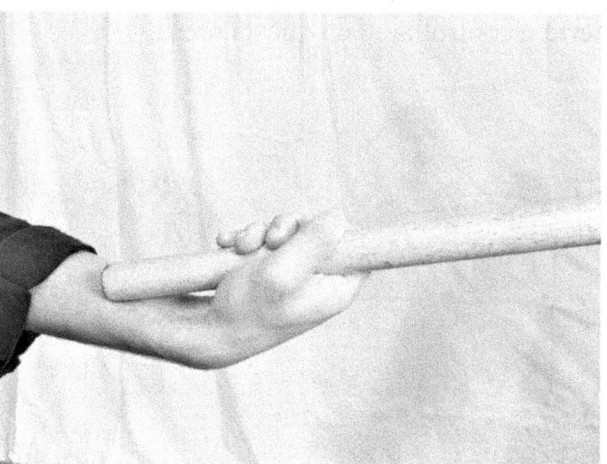

Omote Gyaku Uko Dori
表逆雨戸捕り
(Torsione esterna cattura della porta della pioggia)

L'avversario afferra il nostro polso destro con la sua mano sinistra, ruotare il bastone in senso orario per mettere Omote Gyaku, ruotare l'estremità in modo da agganciare il polso e con l'altra estremità colpire al lato destro del collo dell'avversario nel punto vitale chiamato Uko, portare con la mano destra Omote Gyaku premendo con essa sul bastone mentre si preme con il bastone al collo portare a terra e controllare con questa presa.

Omote Gyaku Asami Dori
表逆狭み捕り
(Torsione esterna cattura della stretta)

L'avversario afferra con la sua mano sinistra il nostro polso destro, ruotare l'estremità in senso orario in modo da agganciare il polso, poi far passare la mano sinistra sotto il polso dell'avversario afferrando l'estremità del bastone eseguendo un Sankaku Jime al polso e con l'altra estremità colpire al lato destro del viso dell'avversario, premere con il bastone per proiettare l'avversario a terra e controllare con questa presa.

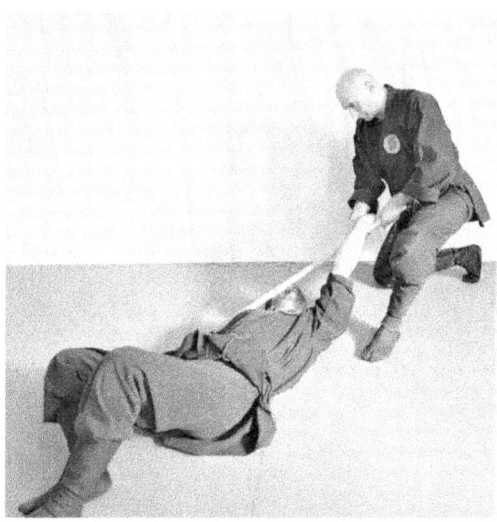

Hongyaku
本逆
(Torsione base, principale)

L'avversario con la sua mano sinistra afferra l'estremità sinistra del bastone, ruotare il bastone in senso orario mettendo la chiave articolare Hongyaku.

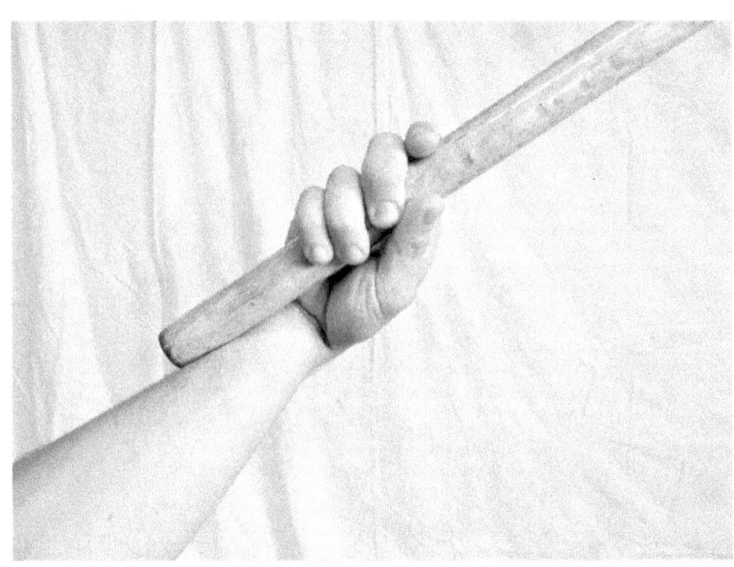

Hongyaku Dori (Bo Gaeshi)
本逆捕り (棒返し)

(Presa torsione principale, anche chiamata "Rovesciare il bastone")

L'avversario afferra l'estremità sinistra del bastone con la sua mano destra, ruotare il bastone in senso orario mettendo la chiave articolare Hongyaku, per evitare che l'avversario lasci la presa, afferrare le dita dell'avversario mantenendo la presa del bastone con la mano sinistra.

Ura Gyaku Gata
裏逆型
(Forma della torsione interna)

L'avversario afferra l'estremità sinistra del bastone con la sua mano destra, ruotare il bastone in senso orario mettendo la chiave articolare Ura Gyaku afferrando la mano dell'avversario, come si pratica nel Taijutsu (combattimento a mani nude), da questa tecnica si possono fare infinite varianti insieme alle tecniche di Hanbo.

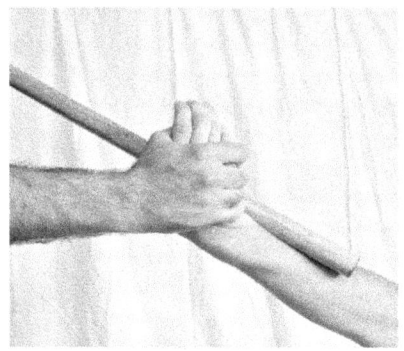

A) Eri Jime 襟締め (Strangolamento con il bavero).

B) Katate Nage 片手投げ (Proiezione con una mano).

C) Ryoashi Dori 両足捕り (Cattura di entrambe le gambe).

Ura Kote Gaeshi
裏小手返し
(Rovesciamento del polso interno)

L'avversario afferra con la usa mano sinistra il polso destro, da Kata Yaburi no Kamae ruotare il bastone in senso antiorario mettendo la chiave articolare Ura Gyaku, mentre l'avversario lascia la presa afferrare la mano mantenendo la chiave articolare con la mano sinistra, colpire con il bastone il tronco ed eseguire Tsuke Iri mantenendo sempre la chiave articolare Ura Gyaku, controllare.

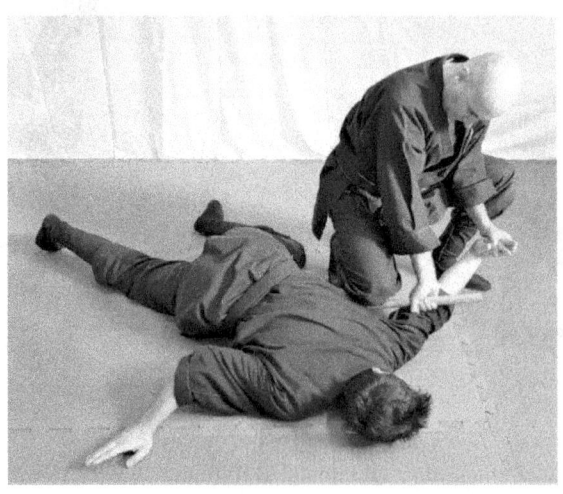

Take Ori
竹折り
(Spezzare il bambù)

L'avversario afferra con la sua mano sinistra l'estremità destra del bastone, ruotare il bastone in senso antiorario mettendo la chiave articolare Take Ori con la punta del bastone sotto il polso.

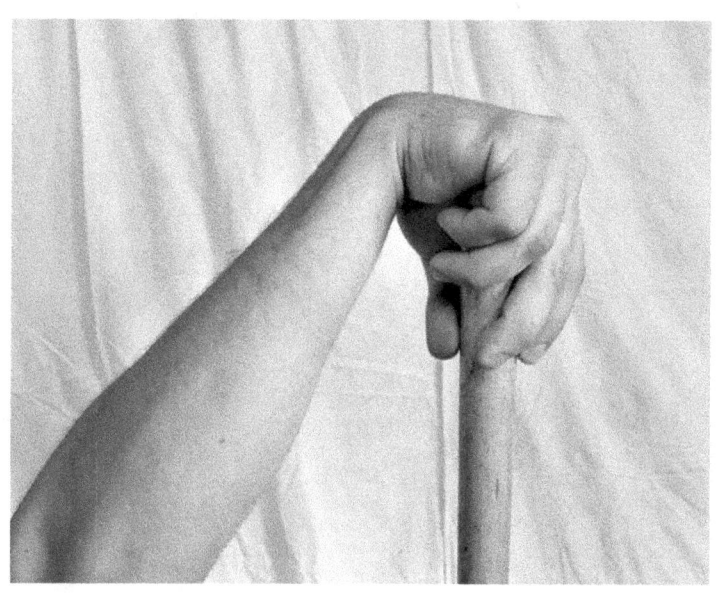

Take Ori Kata - Kobushi Dori
竹折型-拳捕り

(Forma spezzare il bambù - cattura del pugno)

L'avversario afferra con la sua mano sinistra l'estremità destra del bastone, ruotare il bastone in senso antiorario mettendo la chiave articolare Take Ori con la punta del bastone sotto il polso, continuando la rotazione portare l'avversario a terra utilizzando la chiave articolare.

Musha Dori
武者捕
(Cattura del guerriero)

L'avversario tira un pugno destro, da Kata Yaburi no Kamae evitare il pugno all'interno eseguendo Mawashi Kote Uchi Ura, da questa posizione usando l'estremità sinistra del bastone e il gomito avvolgere in senso antiorario il braccio dell'avversario mentre ci si sposta di lato e dietro di lui mettendo la chiave articolare al suo braccio.

Juji Dori Ichi
十字捕り一
(Cattura a croce; uno)

L'avversario con la sua mano destra afferra il nostro braccio sinistro, da Munen Muso no Kamae fare un passo indietro con il piede sinistro portando il bastone sotto il braccio dell'avversario facendo pressione sotto il suo gomito mettendo il braccio in leva e in questo modo si alzerà sulle punte dei piedi per il dolore.

Juji Dori Ni
十字捕り二
(Cattura a croce; due)

L'avversario esegue Kumiuchi 組打, afferra il bavero con la sua mano sinistra e con la destra la manica del braccio sinistro, da Kata Yaburi no Kamae inserire l'estremità sinistra del bastone fra le braccia dell'avversario mettendola sopra il suo braccio destro e facendo pressione sotto il gomito sinistro con la parte centrale del bastone eseguendo Juji Dori mentre si esegue Ura Gyaku sulla sua mano sinistra, da questa posizione si fa passare il bastone sotto il braccio sinistro e sopra il collo dell'avversario, per poi con la mano sinistra afferrare di nuovo l'estremità sinistra a lato del suo collo eseguendo uno strangolamento, controllare.

Oni Kudaki Dori
鬼砕き捕り
(Cattura della distruzione del demone)

L'avversario attacca con un pugno destro, da Kata Yaburi no Kamae eseguire Naname Ushiro Ura Waki Uchi, ed inserire il bastone tra il tricipite e l'avambraccio dell'avversario, bloccando con il nostro braccio sinistro il suo polso destro, una volta messa la chiave con una rotazione portare l'avversario a terra, e controllare mantenendo la chiave articolare.

Oni Kudaki Henka
鬼砕き変化
Varianti dei tipi di Oni Kudaki, dettagli:

Omote Oni Kudaki
表鬼砕き
Distruzione del demone esterna

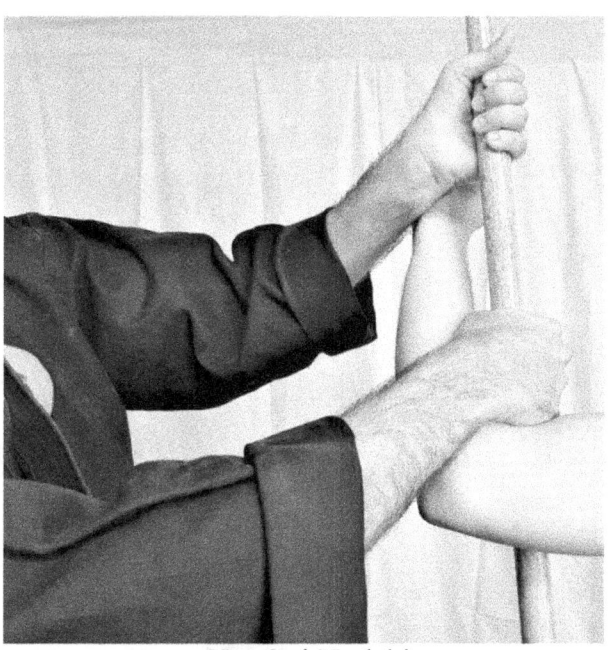

Ura Oni Kudaki
裏鬼砕き
Distruzione del demone interna

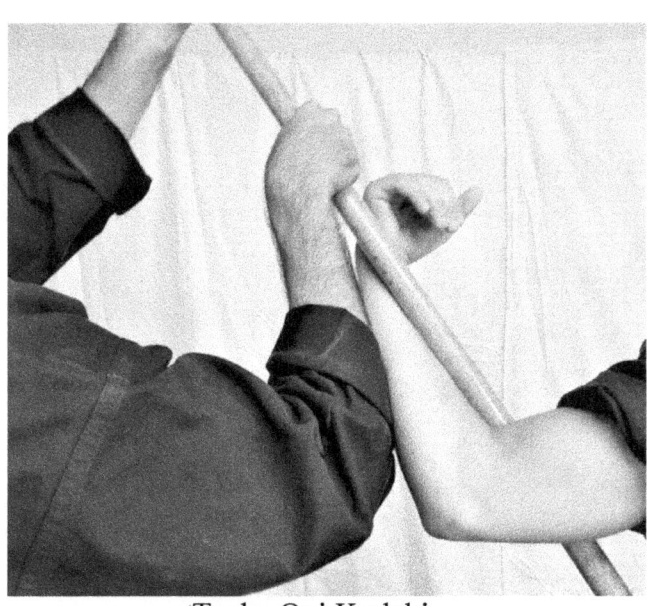

Tsuke Oni Kudaki
付け鬼砕き
Distruzione del demone aderendo

Omote Gyaku Yori Oni Kudaki
表逆より鬼砕き
Distruzione del demone da torsione esterna

Ashi Oni Kudaki / Sokki Kudaki
足鬼砕

(Distruzione del piede del demone)
Eseguire Onikudaki alla gamba dell'avversario.

Omote Ashi Oni Kudaki
表足鬼砕き
Distruzione del demone esterna alla gamba.

Ura Ashi Oni Kudaki
裏足鬼砕き
Distruzione del demone interna alla gamba.

Ashi Kudaki Yori Henka
足砕きより変化
(Variante da rottura del piede)

L'avversario attacca con un calcio frontale destro, da Kata Yaburi no Kamae bloccare la tibia dell'avversario fra la coscia destra e l'avambraccio destro, da qui inginocchiarsi sulla gamba sinistra e lasciando andare la presa con la mano sinistra colpire il polpaccio della sua gamba d'appoggio con l'estremità sinistra del bastone, riafferrando il bastone mettere l'estremità destra sotto il suo ginocchio, e con una rotazione del bastone che preme sulla sua gamba proiettarlo.

Ganseki Nage

巖石投

(Lancio della grande roccia)

L'avversario attacca con un pugno destro, da Kata Yaburi no Kamae eseguire Naname Ushiro Ura Waki Uchi, inserire il bastone sotto il tricipite del braccio destro dell'avversario, poi inserire la gamba sinistra fra le sue gambe e ruotando la schiena proiettarlo.

Ganseki Otoshi

巖石落

(Caduta della grande roccia)

L'avversario attacca con un pugno destro, da Kata Yaburi no Kamae eseguire Naname Ushiro Ura Waki Uchi, ed inserire il bastone e la gamba come per eseguire la tecnica Ganseki Nage, l'avversario resiste, abbassarsi repentinamente sul ginocchio destro premendo con il bastone verso in avanti e verso il basso bloccando con la gamba sinistra la gamba destra dell'avversario facendolo cadere a faccia a terra.

Ganseki Otoshi Makikomi

巖石落巻込

(Caduta della grande roccia avvolgendo)

L'avversario attacca con un pugno destro, da Kata Yaburi no Kamae eseguire Naname Ushiro Ura Waki Uchi, ed inserire il bastone come per Ganseki Nage. Come l'avversario resiste alla pressione, lasciare la presa con la mano destra e afferrare l'estremità superiore ruotando il polso sinistro, portando una leva al suo gomito e tirando a se portare l'avversario a terra inginocchiandosi sulla gamba sinistra, in questo modo l'avversario sbatterà la faccia contro il nostro ginocchio destro.

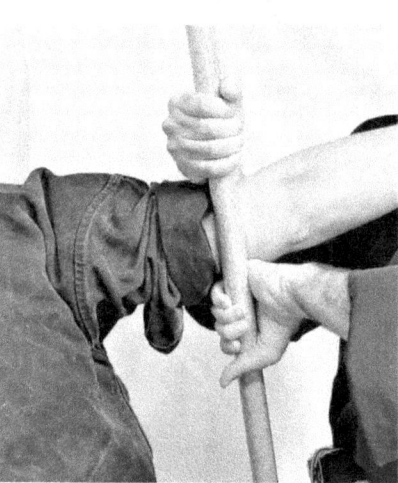
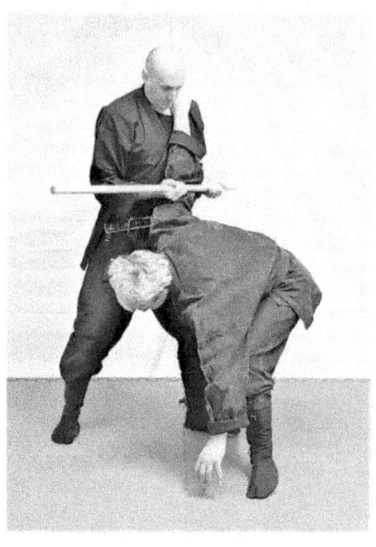
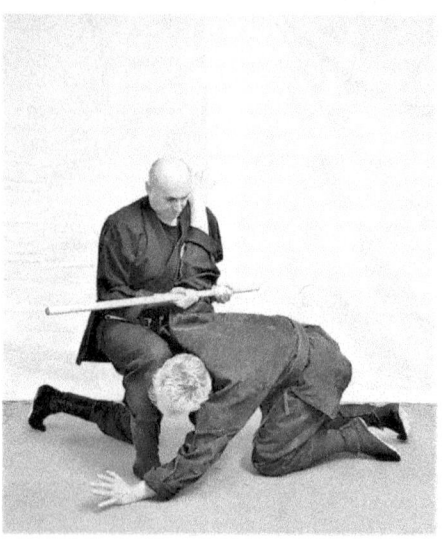

Ganseki Otoshi Garami (Makiage)
巖石落搦 (巻き上げ)

(Caduta della grande roccia legando, anche chiamata "Avvolgere")

L'avversario attacca con un pugno destro, da Kata Yaburi no Kamae eseguire Kote Uchi Omote poi bloccare il braccio dell'avversario fra il bastone e il braccio sinistro, avvolgere il suo braccio dal basso verso l'alto dietro la sua schiena e controllarlo con la chiave articolare alla sua spalla.

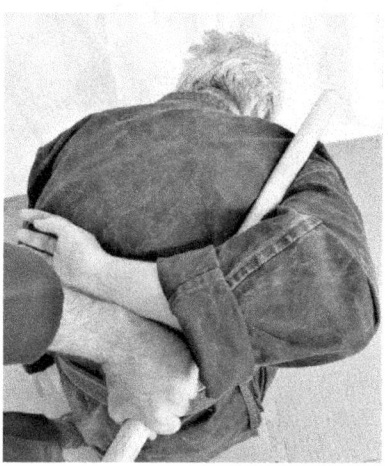

Variante nel controllo; Tsuki nel punto vitale Butsumetsu 仏滅

Variante nel controllo; portare a terra l'avversario e bloccare il polso con la mano sinistra, in questa posizione ci si può difendere anche da un altro avversario.

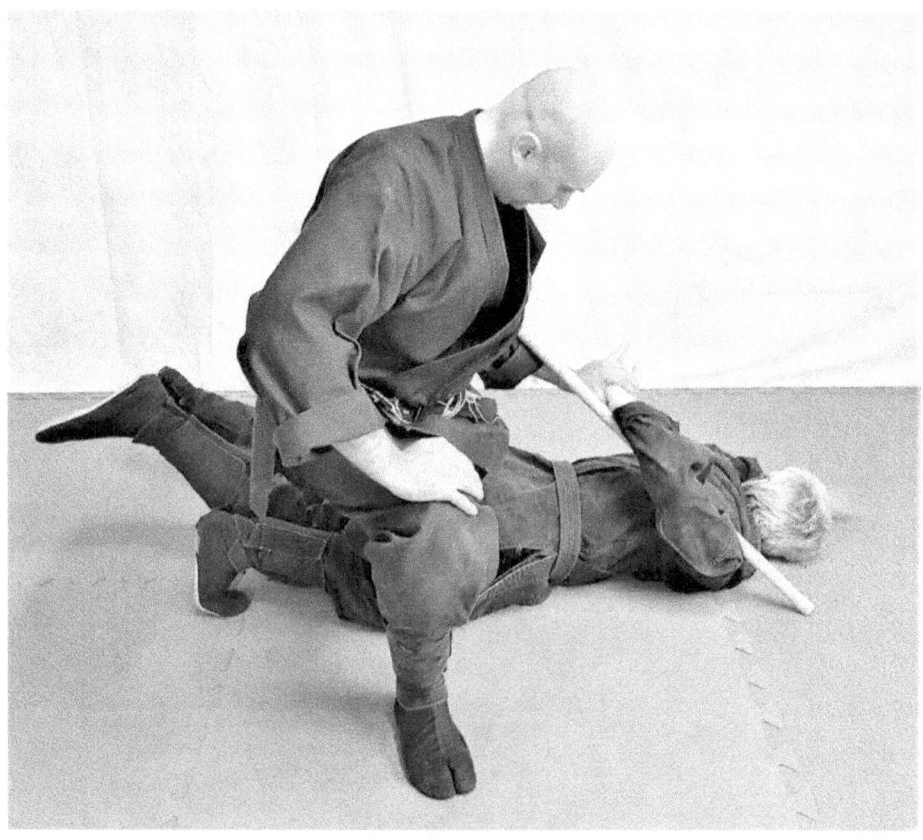

Ude Garami Omote
腕絡み表
(Legare il braccio, esterno)

L'avversario attacca con un pugno destro, da Kata Yaburi no Kamae evitare all'esterno lasciando la presa con la mano sinistra si assorbe il pugno con Nagashi Uke 流し受け agganciandolo fra il polso destro e l'estremità del bastone, afferrando con la mano sinistra l'estremità destra eseguire un Sankaku Jime al polso bloccandolo in una morsa dolorosa.

Gyaku Ude Garami
逆腕絡み
(Legare il braccio al contrario)

L'avversario tira un pugno a gancio, da Kata Yaburi no Kamae evitare all'esterno colpendo con l'estremità destra del bastone sotto il tricipite dell'avversario. L'avversario chiude il braccio per bloccare il bastone, repentinamente lasciare la presa con la mano sinistra e afferrare la parte del bastone che sporge, ruotare il bastone dietro la schiena dell'avversario portando la chiave articolare alla sua spalla, controllare.

Muso Dori
武双捕

(Cattura coppia marziale)

L'avversario afferra con la sua mano destra il braccio sinistro, da Kata Yaburi no Kamae far passare il bastone sotto il gomito destro dell'avversario, lasciare la presa del bastone con la mano destra e afferrarlo di nuovo sopra il suo gomito, ruotare dal basso verso l'alto andando all'indietro per mettere in chiave il suo braccio inginocchiandosi sulla gamba sinistra, facendo sbattere la faccia dell'avversario sul nostro ginocchio.

Jigoku Dori Ichi
地獄捕り一
(Cattura infernale, uno)

L'avversario afferra con la sua mano sinistra il braccio destro, da Munen Muso no Kamae eseguire una leva facendo passare il bastone sotto il gomito sinistro dell'avversario, afferrando con la mano sinistra l'estremità superiore del bastone e con l'estremità inferiore premere all'interno del ginocchio sinistro portando l'avversario a terra, controllare con la leva al braccio.

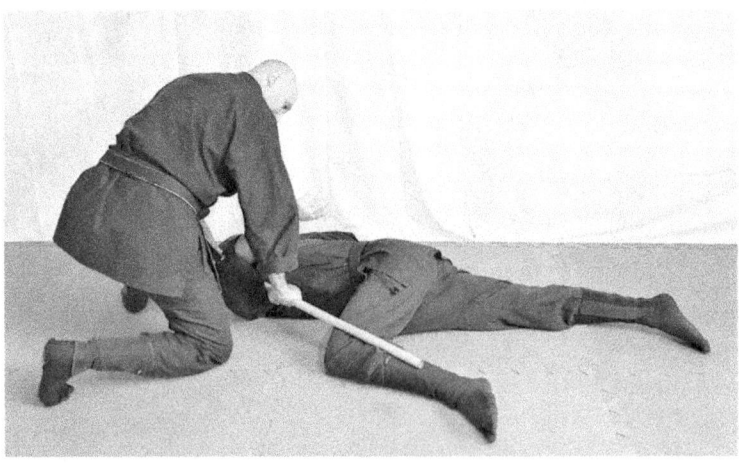

Jigoku Dori Ni
地獄捕り二
(Cattura infernale, due)

L'avversario afferra con la mano sinistra il braccio destro, da Munen Muso no Kamae eseguire una leva facendo passare il bastone sotto il braccio dell'avversario ed afferrare con la mano sinistra l'estremità superiore del bastone, con l'estremità inferiore premere all'interno del ginocchio sinistro, afferrare da dietro il ginocchio l'estremità del bastone con la mano sinistra e controllare.

投げ型

NAGE KATA
(Forma delle proiezioni)

空間
Kukan

"Per proiettare qualcuno, si deve controllare il Kukan, portare l'avversario al punto in cui è facile lanciarlo. Quando si lancia qualcuno, portarlo al punto dove cade facilmente. In questo modo si proietterà da solo, per favore giocate con il Kukan per scoprire questo punto".

Masaaki Hatsumi

Katate Nage
片手投
(Proiezione a una mano)

L'avversario attacca con la Kodachi ed esegue un affondo, da Kata Yaburi no Kamae evitare all'esterno e afferrare con la mano destra il polso dell'avversario, con la mano sinistra colpire con l'estremità sinistra del bastone il suo collo, alzare il suo braccio passandoci sotto e proiettarlo torcendo il suo polso.

Morote Nage (Awase Nage)
諸手投げ (合わせ投げ)

(Proiezione a due mani, anche chiamata "Proiezione in armonia")

L'avversario afferra con entrambe le mani l'estremità del bastone, in armonia con la forza dell'avversario reindirizzarla in modo da proiettarlo; usando la sua mano destra come fulcro ruotare il bastone in senso antiorario sopra la sua testa per proiettarlo. Si può afferrare le dita o premere con l'unghia sulle dita dell'avversario per evitare che lasci la presa del bastone.

Morote Otoshi

諸手落とし

(Caduta a due mani)

L'avversario afferra con entrambe le mani l'estremità del bastone, usando la mano destra dell'avversario come fulcro ruotare il bastone in senso antiorario sopra la sua testa e mettere la gamba destra dietro alla sua gamba destra facendolo cadere a terra, da qui controllarlo con la punta del bastone che preme alla gola, se dovesse calciare colpire l'interno coscia e poi la caviglia del piede che calcia con il bastone.

Uchimata
内股
(Interno coscia)

L'avversario attacca con un pugno sinistro, da Kata Yaburi no Kamae eseguire Naname Ushiro Omote Waki Uchi e afferrare il suo polso sinistro con la mano destra, inserire l'estremità destra del bastone fra il braccio e le gambe dell'avversario e bloccare il suo braccio mettendolo in leva fra il bastone e il nostro fianco destro, muoversi in avanti e a lato per calciare all'interno coscia per proiettare l'avversario.

Hane Kurui
跳ね狂い
(Salto pazzo)

L'avversario attacca con un pugno destro all'addome, da Munen Muso no Kamae evitare all'esterno e colpire avvolgendo il bastone e il braccio dell'avversario sotto il nostro colpendo il suo tronco, con il piede sinistro spazzare dall'interno il piede anteriore dell'avversario facendolo cadere a terra e controllare, se l'avversario si volta fare un affondo.

Gaeshi Do
返し胴
(Rovesciare il torso)

L'avversario attacca con un pugno destro, da Munen Muso no Kamae eseguire un Jodan Nagashi Uke 上段流し受け (non è una parata, si assorbe il pugno facendolo scivolare sull'avambraccio deviandolo) alzando il braccio dell'avversario e poi colpire al torso con il bastone, far passare sotto le braccia il bastone per compiere un Dojime 胴締 comprimendo le ultime costole, far passare le anche ed eseguire una proiezione con le anche invertita; Harai Goshi Gyaku Otoshi 払腰逆落.

Tomoe Nage
巴投げ
(Proiezione a virgola)

L'avversario afferra con entrambe le mani il bastone e spinge in avanti, dalla posizione di Kata Yaburi no Kamae, sfruttando la spinta dell'avversario bloccare le sue mani ed eseguire Tate Nagare appoggiando la pianta del piede sulla sua anca per proiettarlo.

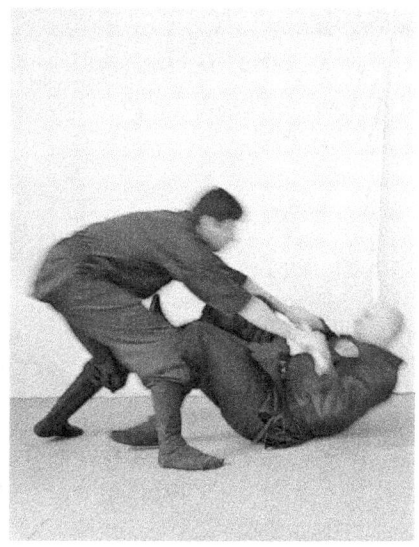

Tomoe Gaeshi Ashi Dori Osae
巴返し足捕り押さえ
(Proiezione a virgola controllo con la cattura delle gambe)

L'avversario afferra con entrambe le mani il bastone e spinge in avanti, dalla posizione Kata Yaburi no Kamae, sfruttando la spinta dell'avversario eseguire Tate Nagare appoggiando la pianta del piede sull'anca per proiettarlo, l'avversario evita la proiezione, da questa posizione a terra mantenere la presa con la mano destra e con la mano sinistra tirare la caviglia in modo da farlo cadere a terra. Con la mano che tiene il bastone girare il bastone in modo da mettere la mano dell'avversario in Ura Gyaku, e con il braccio sinitro avvolgere il suo piede sinistro mettendolo in chiave articolare.

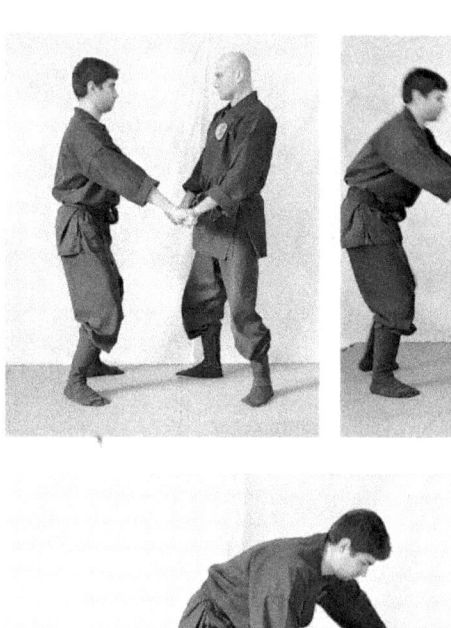

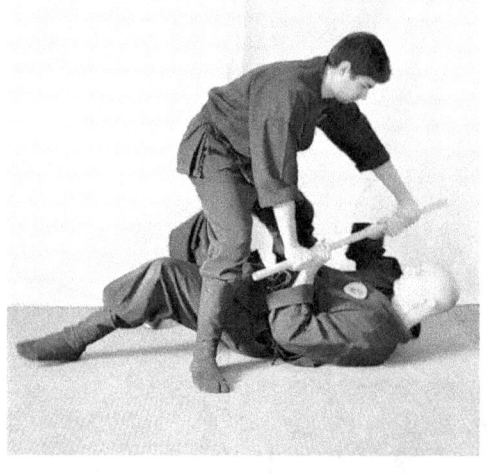
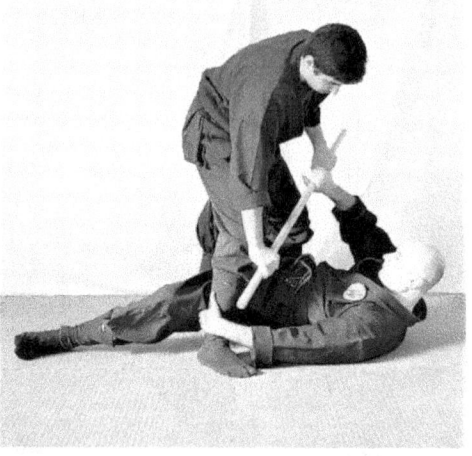
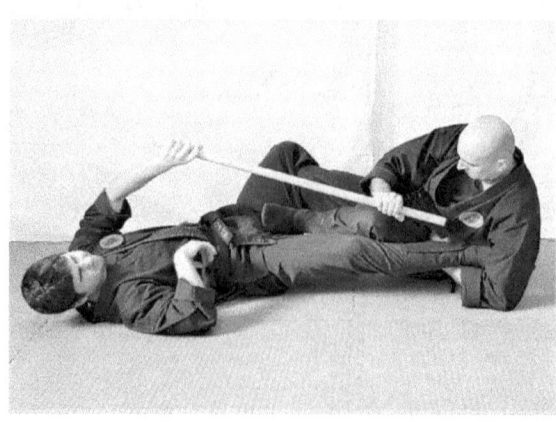

胸捕り型

MUNA DORI KATA
(Forma delle prese al bavero)

間合い
Maai
"Si deve imparare a usare lo spazio fra di noi e l'avversario, la distanza è molto importante!".
Masaaki Hatsumi

Katate Dori
片手捕り
(Catturare una mano)

L'avversario afferra con la sua mano sinistra il bavero, da Kata Yaburi no Kamae far scorrere il bastone nella mano destra lasciandolo con la mano sinistra, mettendo l'estremità sinistra del bastone sopra il polso dell'avversario, afferare di nuovo il bastone con la mano sinistra ed eseguire Kotsu Itami Dori (cattura dolorosa ossea), e portare a terra l'avversario a faccia a terra.

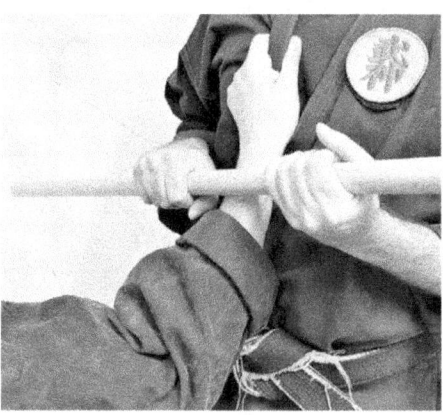

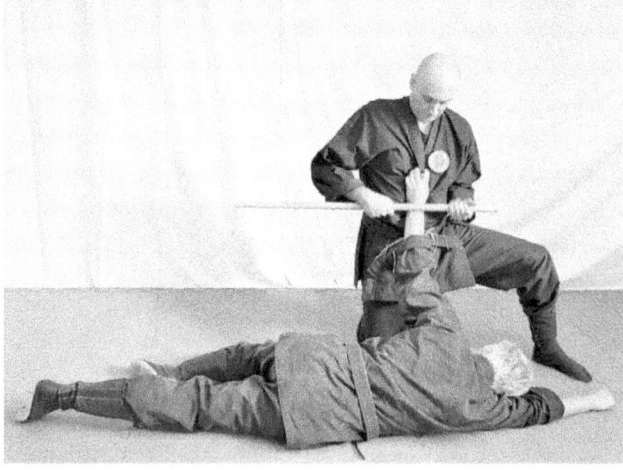

Hiki Otoshi
引き落とし
(Tirare e abbassare)

L'avversario afferra con la sua mano destra il bavero, da Munen Muso no Kamae eseguire un Sankaku Jime al polso dell'avversario con il bastone tirare e abbassare portando l'avversario a terra.

Karame Dori
搦め捕り
(Prendere e legare)

L'avversario afferra con la sua mano destra il bavero, da Kata Yaburi no Kamae eseguire un Sankaku Jime al polso dell'avversario con il bastone e abbassarlo, lasciare la presa con la mano destra lasciando partire il bastone contro la sua testa colpendola, afferrare di nuovo il bastone con la mano destra a lato della testa dell'avversario eseguendo uno Shime con il bastone e il braccio.

Ryote Karame (Ryote Garami Dori)
両手搦め (両手絡み捕り)

(Legare entrambe le mani, anche chiamata "Catturare legando entrambe le mani")
L'avversario esegue una doppia presa al bavero, da Kata Yaburi no Kamae imprigionare entrambi i polsi dell'avversario con Sankaku Jime eseguendo con il bastone Kotsu Itami Dori, entrare con le anche mettendo in leva le braccia, da questa posizione si può controllare tramite la leva o proiettare.

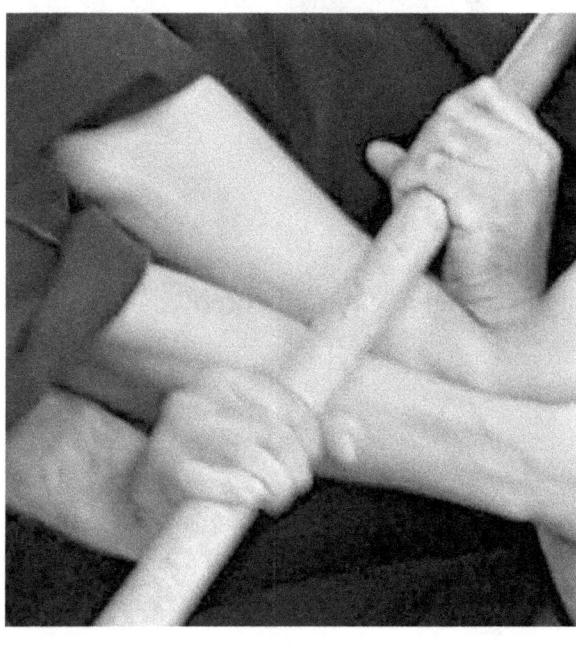

手解き型

TEHODOKI KATA
(Forma per liberare il polso)

動き
Ugoki
"Non sono solo le mani, si deve muovere tutto il corpo".

Masaaki Hatsumi

Kote Gaeshi
小手返し
(Rovesciare il polso)

L'avversario afferra con la sua mano sinistra il polso destro, da Kata Yaburi no Kamae si fa un passo all'indietro con il piede sinistro, si fa passare il bastone dall'esterno bloccando la mano dell'avversario con la mano sinistra premendo con il pollice mentre si porta la chiave articolare Ura Gyaku premendo con il bastone sull'osso, da questa presa controllare l'avversario.

Kasumi Uchi
霞打ち
(Colpo della nebbia)

L'avversario attacca afferrando con la sua mano sinistra il polso destro, da Kata Yaburi no Kamae, fare un passo indietro con il piede destro e colpire con l'estremità sinistra del bastone al punto vitale Kasumi destro. Facendo un passo indietro con il piede sinistro ruotando l'estremità destra del bastone in senso orario in modo da menttere l'estremità destra del bastone sopra il polso dell'avversario da questa posizione lasciare la presa con la mano sinistra e afferrare il bastone passando la mano sotto il polso dell'avversario afferrando l'estremità destra e eseguire un Sankaku Jime al polso bloccandolo in una morsa dolorosa.

Ude Gaeshi

腕返し

(Rovesciare il braccio)

L'avversario attacca afferrando con la sua mano sinistra il polso destro, da Kata Yaburi no Kamae, fare un passo con il piede destro lasciare la presa del bastone con la mano sinistra ruotando il bastone in senso antiorario, in modo da metterlo sopra il polso dell'avversario, da questa posizione afferrare di nuovo il bastone con la mano sinistra, facendo pressione sopra il polso bloccandolo in una morsa dolorosa inginocchiarsi sulla gamba sinistra tirando a terra l'avversario, e controllare.

Ryote Dori
両手捕り
(Catturare entrambe le mani)

L'avversario attacca afferrando con entrambe le sue mani i polsi, da Kata Yaburi no Kamae, lasciare la presa del bastone con la mano sinistra ruotando il bastone in senso orario in modo da metterlo sopra i polsi dell'avversario, da questa posizione afferrare di nuovo il bastone con la mano sinistra facendola passare sotto i polsi dell'avversario bloccandoli con Sankaku Jime in una morsa dolorosa.

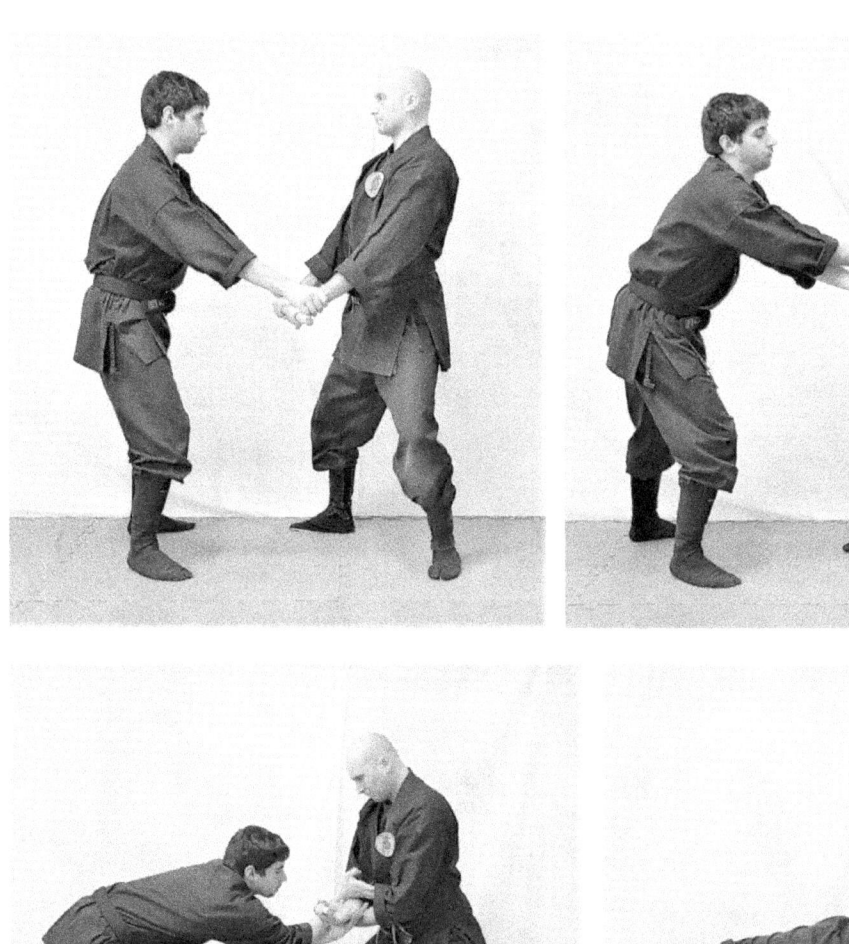

後捕り型

USHIRO DORI KATA
(Forma delle prese da dietro)

残心
Zanshin
"Non si dovrebbe pensare solo al nostro avversario, si deve controllare ogni cosa intorno a se".
Masaaki Hatsumi

Ushiro Dori Dojime
後捕り胴締み
(Cattura da dietro stretta al torso)

L'avversario afferra da dietro all'altezza delle spalle, da Kata Yaburi no Kamae abbassare le anche e liberarsi premendo sotto il gomito dell'avversario con il gomito sinistro, passare dietro all'avversario e afferrarlo con il bastone eseguendo un Dojime mettendo la spalla dietro la schiena e tirando il bastone per comprimere l'addome, mettere in leva anche il suo braccio con il collo, controllare.

Ushiro Dori Ashi Dori (Benkei Dori)
後捕り足捕り (弁慶捕)

(Presa da dietro cattura della gamba, anche chiamata "Cattura della tibia")

L'avversario afferra da dietro, da Kata Yaburi no Kamae rompere la pesa delle braccia abbassando le anche ed alzando i gomiti ed inserire dietro la gamba dell'avversario il bastone, afferrare nuovamente il bastone e tirare verso l'alto sedendosi sulla sua gamba facendo cadere l'avversario di schiena controllare mantenendo la leva alla gamba.

Taiboku Taoshi
大木倒し
(Abbattere il grande albero)

L'avversario attacca alle spalle con una presa al torso, dalla posizione di Kata Yaburi no Kamae, colpire con le anche e con una testata all'indietro, mettere un piede dietro alle gambe dell'avversario ed eseguire un Dojime con il bastone comprimendo le costole nel punto vitale chiamato Butsumetsu. Rapidamente abbassarsi e con il bastone tirare entrambe le gambe facendo cadere l'avversario a terra controllare l'avversario con un Itami Osae sulle tibie.

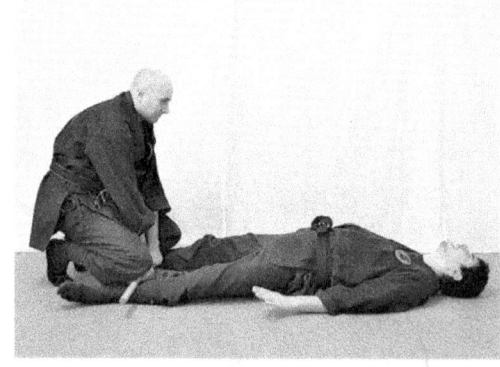

Tawara Taoshi

俵倒し

(Abbattere la balla di fieno)

L'avversario attacca alle spalle con una presa al torso, dalla posizione di Kata Yaburi no Kamae, lasciare la presa del bastone con la mano sinistra, far passare il bastone dietro la schiena dell'avversario e afferrarlo di nuovo con la mano sinistra da questa posizione tirare a se facendo inarcare la schiena dell'avversario, una volta rotta la presa eseguire una qualsiasi tecnica come per esempio Tsuke Iri o Koshi Ori per portare l'avversario a terra.

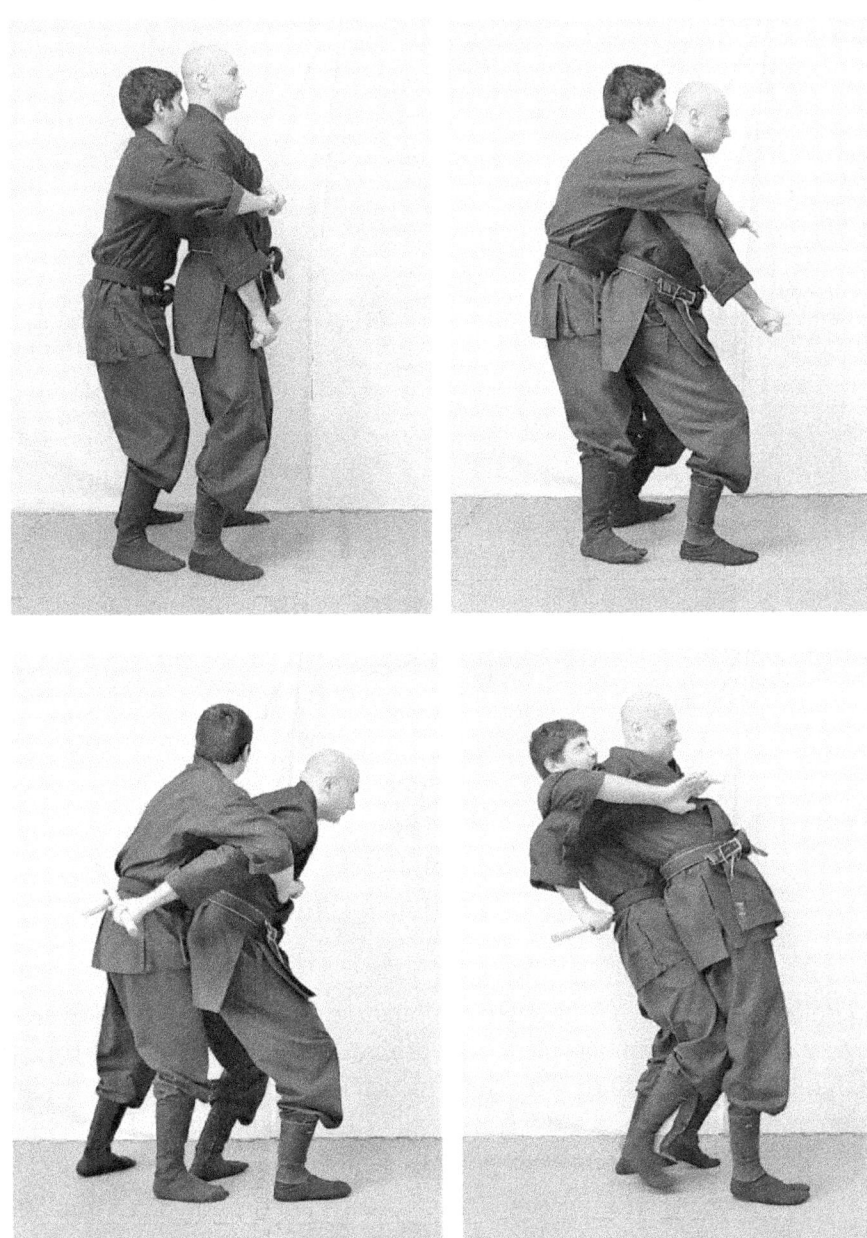

TSUKI GAESHI KATA
(Forma contro i pugni)

小蝶
Kocho
"Evitare come una farfalla".

Masaaki Hatsumi

Durante il suo secondo viaggio in Cina il Soke Takamatsu, incontrò Cho Shiro, un guerriero di Kung Fu Shaolin, molto bravo e famoso che come allenamento sollevava un tronco più di 100 volte ogni giorno e fu la guardia personale di Cho Sajurin, un'importante figura politica, che fu ucciso in un'esplosione durante un attentato. Cho sfidò due volte Takamatsu, Takamatsu due volte non accettò. Una notte, Takamatsu fece un sogno dove una farfalla Kocho 小蝶 evitava tutti gli attacchi di un gigantesco demone Oni 鬼. Il giorno dopo fu sfidato ancora, questa volta Takamatsu accettò. Nel combattimento Takamatsu evitò gli attacchi di Cho come una farfalla finché Cho non abbassò la guardia. In quel momento si concluse l'incontro, da quel momento Cho e Takamatsu divennero amici marziali Buyu 武友.

Ate

当

(Colpo)

L'avversario tira un pugno destro, da Kata Yaburi no Kamae abbassarsi e colpire verso l'alto sotto il polso dell'avversario con il centro del bastone, eseguire un Kikaku Ken al Butsumetsu e colpire nello stesso punto con la parte centrale del bastone e poi eseguire un Sankaku Jime con il bastone al torso dell'avversario e controllare.

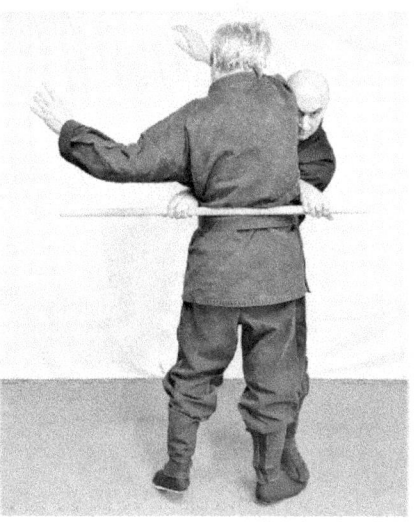

Ryou Ashi Dori
両脚捕
(Catturare entrambe le gambe)

L'avversario tira un pugno destro, da Kata Yaburi no Kamae alzare il bastone e colpire verso il basso l'avambraccio dell'avversario abbassandogli il braccio, lasciare la presa del bastone con la mano sinistra, e andare alle sue spalle afferrando nuovamente il bastone, tirare per le caviglie con il bastone e spingere con la spalla facendo cadere in avanti l'avversario, controllare premendo con il bastone sulle sue caviglie.

Kasumi Uchi
霞打ち
(Colpo della nebbia)

L'avversario attacca con un pugno destro, da Kata Yaburi no Kamae colpire al Kote con l'estremità destra del bastone deviare il pugno spostando il peso del corpo sulla gamba sinistra, poi colpire la tempia destra dell'avversario con l'estremità sinistra del bastone.(Henka 変化 variante, colpire direttamente la tempia mettendo l'avambraccio sinistro sotto il bastone).

Henka 変化 variante.

Ashi Kudaki
足砕き

(Distruzione della gamba)

L'avversario tira un pugno destro, da Munen Muso no Kamae abbassarsi sul ginocchio sinistro (Moguri Kata 潜型) e colpire con l'estremità superiore del bastone l'interno della caviglia dell'avversario, alzarsi avvolgendo il braccio dell'avversario e mettere l'estremità inferiore del bastone dietro al suo ginocchio destro pestandogli il piede, con l'altra mano afferrare il braccio sinistro dell'avversario ruotandolo per farlo cadere di schiena, da questa posizione eseguire Ashi Ude Kudaki 足腕砕き rompere sia il braccio che la gamba dell'avversario.

Muna Kudaki

胸砕き

(Rottura del petto)

L'avversario attacca con un pugno destro, da Munen Muso no Kamae ricevere il pugno eseguendo Bokote Gaeshi 棒小手返し, far passare il bastone fra il braccio e dietro la schiena dell'avversario e afferrare l'altra estremità del bastone mettendo il braccio sinistro sul petto dell'avversario e in questa posizione eseguire Do Jime.

Bokote Gaeshi 棒小手返し

Hagai Jime
羽交い締め
(Legare le ali)

L'avversario tira un pugno destro, da Kata Yaburi no Kamae eseguire Naname Ushiro Omote Waki Uchi, con il braccio destro far passare il bastone sotto il braccio destro dell'avversario passandolo dietro al suo collo, e con l'altro braccio passare sotto il suo braccio sinistro per afferrare di nuovo l'estremità del bastone, bloccando le sue braccia fare una compressione sul collo con il bastone (nella pratica per non ferire il compagno la compressione deve essere graduale).

Kyoukotsu Kudaki
胸骨砕
(Distruggere lo sterno)

L'avversario attacca con un pugno destro, da Kata Yaburi no Kamae eseguire Naname Ushiro Omote Waki Uchi, lasciare la presa del bastone con la mano sinistra ed inserirlo fra il torso e il braccio dell'avversario, andare dietro l'avversario e afferrare di nuovo l'estremità del bastone con la mano sinistra ed eseguire Do Jime con il bastone facendo pressione sullo sterno (nella pratica per non ferire il compagno la compressione deve essere graduale).

蹴り返し型

KERI GAESHI KATA
(Forma contro i calci)

足捌き
Ashisabaki

"La prima cosa a cui si dovrebbe pensare è il movimento dei piedi, il bastone è secondario. Se il proprio movimento dei piedi è corretto, il bastone seguirà in modo naturale".

Masaaki Hatsumi

Ashi Kujiki
足挫き
(Fratturare la gamba)

L'avversario attacca con un calcio frontale sinistro, da Kata Yaburi no Kamae colpire con il bastone usando solo la mano sinistra sotto la coscia dell'avversario, far passare il bastone sotto la sua gamba bloccando la sua caviglia all'interno del proprio gomito, afferrare di nuovo con la mano destra il bastone in una morsa dolorosa sulla caviglia dell'avversario mettendola in chiave articolare.

Ashi Kujiki Henka
足挫き変化
(Fratturare la gamba variante)

Se l'avversario ha già appoggiato a terra la gamba con cui calcia, inginocchiarsi e colpire la gamba posteriore al punto vitale Kaku impugnando il bastone con una sola mano, afferrare l'altra l'estremità del bastone dietro il ginocchio e spostandosi cambiando ginocchio di appoggio mettere in chiave articolare la gamba, controllare.

Ashi Ori
脚折
(Spezzare la gamba)

L'avversario attacca con un calcio frontale a spinta destro, da Kata Yaburi no Kamae evitare all'interno abbassandosi e lasciando la presa del bastone con la mano sinistra, afferrare la caviglia del piede destro dell'avversario, con il bastone colpire all'interno del suo ginocchio sinistro. Passare il bastone sopra la sua caviglia destra bloccandola fra il bastone e il polso sinistro mettendola in chiave articolare e controllare.

Ashi Dori
足捕
(Catturare la gamba)

L'avversario attacca con un calcio frontale a spinta alto, da Kata Yaburi no Kamae evitare all'interno e con l'estremità sinistra del bastone agganciare la gamba dell'avversario sotto il suo ginocchio, ruotare la colonna e spingere con il bastone per lanciare l'avversario a terra.

Ashi Garami
足搦
(Legare la gamba)

L'avversario attacca con un calcio frontale a spinta ad altezza media, da Kata Yaburi no Kamae evitare all'esterno e agganciare la caviglia dell'avversario con l'estremità destra del bastone ed eseguire Sankaku Jime alla sua caviglia.

Ashi Gatame
足固め
(Bloccare il piede)

L'avversario attacca con un calcio destro frontale a spinta, da Kata Yaburi no Kamae fare un passo all'indietro con il piede sinistro e agganciare la gamba dell'avversario fra l'estremità sinistra del bastone e del polso sinistro, lasciare la presa del bastone con la mano destra per eseguire un Sankaku Jime bloccando la caviglia dell'avversario fra i polsi e il bastone in una morsa dolorosa.

Otonashi
音無し
(Senza rumore)

L'avversario attacca con un calcio frontale a spinta ad altezza media, da Otonashi no Kamae evitare leggermente all'esterno mettendo l'estremità destra del bastone sotto la gamba dell'avversario e ruotando in senso antiorario farlo cadere, bloccare la caviglia inginocchiandocisi sopra e fare un affondo.

逮捕術

Taihojutsu
(Arte della cattura)

手足
Teashi
"Quando avete un bastone in mano, non scordatevi di avere gli altri arti".
Masaaki Hatsumi

Jowan Ori
上腕折り

(Spezzare la parte superiore del braccio)

Premere con il peso del corpo attraverso il ginocchio destro sul bastone tenendo l'estremità superiore con la mano destra prechè non scivoli, facendo pressione all'altezza del tricipite dell'avversario, mentre con la mano sinistra si tira il polso dell'avversario verso l'alto mettendo così una leva al braccio.

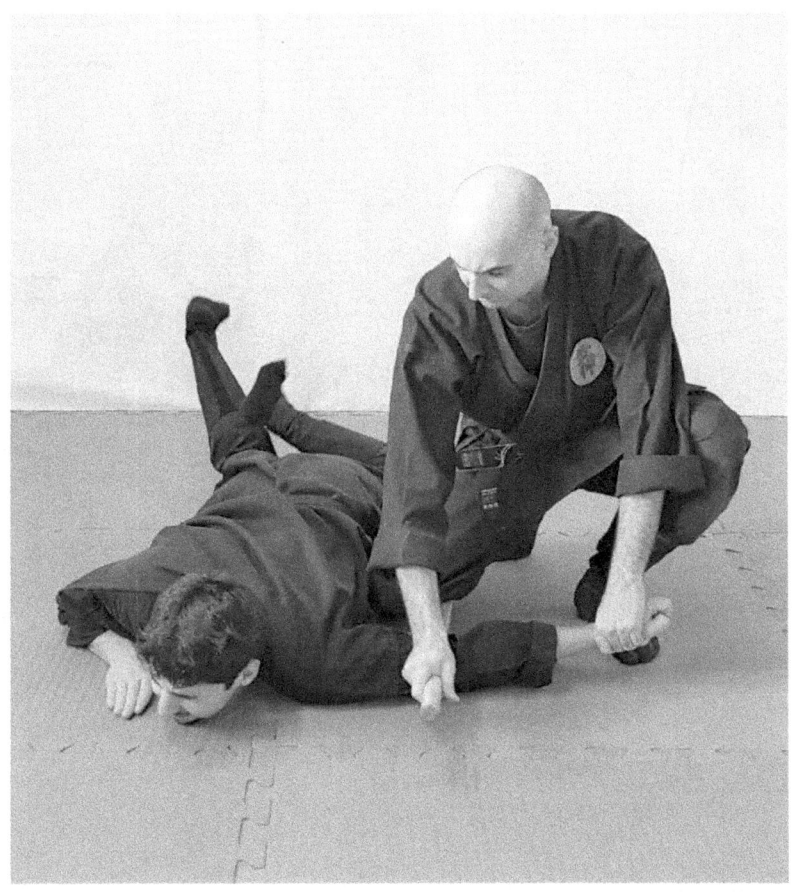

Hiji Ori
肘折

(Spezzare il gomito)

Premere con il peso del corpo sul ginocchio destro sul Kyusho Jujiro 十字路, tenendo il polso dell'avversario con la mano sinistra, mentre si tira il bastone con la mano destra che è sotto il suo tricipite, mettendo in leva il gomito dell'avversario per romperlo.

Zenwan Ori
前腕折
(Spezzare l'avambraccio)

Premere con il peso del corpo attraverso il ginocchio sinistro sul bastone che preme nell'osso del radio dell'avversario mentre con la mano destra si tiene il bastone perchè non scivoli, con la mano sinistra si tiene il polso dell'avversario, e si preme con la punta del piede destro sulle sue costole per tenerlo fermo per evitare che tiri calci.

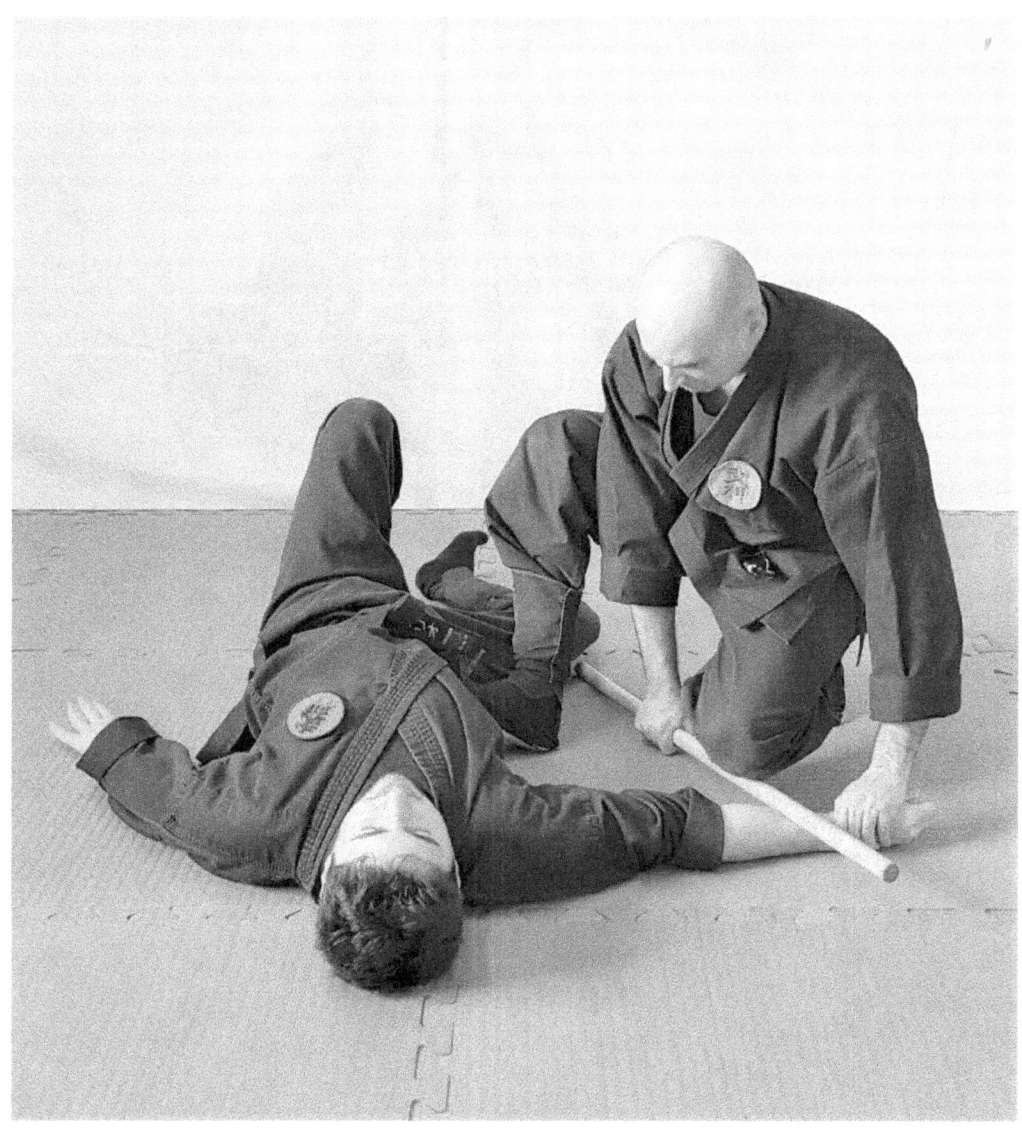

Sokkotsu Ori
足骨折
(Spezzare la caviglia)

Premere con il peso del corpo attraverso il ginocchio destro sul bastone che preme dietro la caviglia destra dell'avversario, mentre si mette in leva la sua caviglia sinistra con il nostro ginocchio sinistro bloccandola fra l'avambraccio sinistro e il bastone con una pressione dolorosa sulla sua tibia.

Ryote Ori
両手折

(Spezzare entrambe le braccia)

Premere con il peso del corpo attraverso il ginocchio sinistro sul bastone che preme contro il bicipite destro dell'avversario, mentre si esegue una chiave articolare tipo Onikudaki con le mani sull'altro suo braccio, in contemporanea si fa pressione sulla gola con il gomito sinistro.

Ogyaku

大逆

(Grande torsione)

Inserire il bastone fra il lato del collo destro dell'avversario e il suo braccio destro facendo leva sulla sua spalla tirando con la nostra mano sinistra il suo polso destro, mentre si blocca il suo bracio sinistro con la nostra gamba sinistra.

Shintou

震盪

(Shock, concussione)

Seduti sulla schiena dell'avversario bloccare le sue braccia con il bastone e tirare inarcando la sua schiena, da questa posizione si può calciare il viso dell'avversario o premere il bastone sul suo collo.

Itami Osae
痛み押え
(Controllo doloroso)

Le tecniche conosciute come Itami Osae 痛み押え sono dei cotrolli a terra facendo pressione con il peso del corpo nei punti vitali, muscoli e ossa Kotsu Itami Osae 骨痛み押え e possono essere abbinate anche alle chiavi articolari e leve, vi sono varie applicazioni:

Jakkin 弱筋

Kubi 首

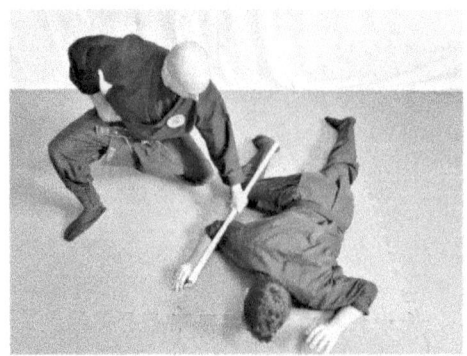

Gaisai to Jakkin 外谷と弱筋

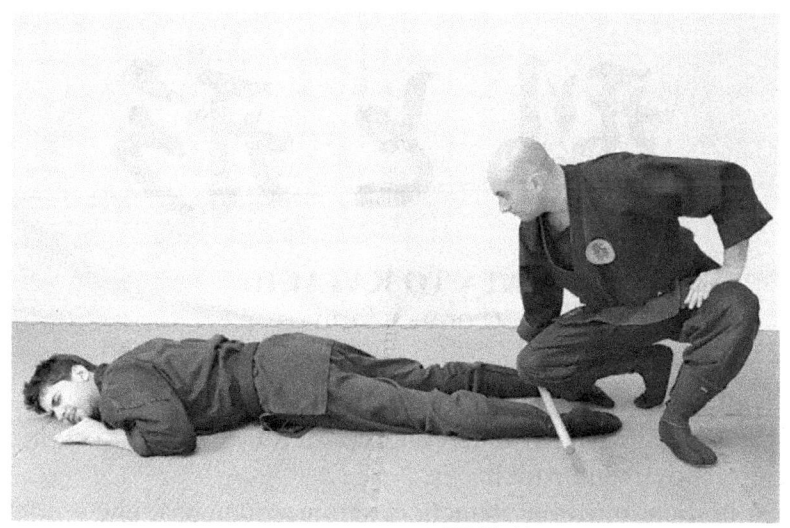

Ryo Ashikubi 両足首

Ryo Benkei 両弁慶

Naisai Itami Osae Ashi Ori 内谷痛み押え足折

KATA TO KATACHI
(Forma e forma)

L'ideogramma Kata 型 è formato dal radicale Tsuchi 土 "Terreno" che è connesso con Doji no Kami 土地の神 la divinità della terra, a cui si dedicavano preghiere per averne benefici, qua si vede l'ispirazione divina per la trasmissione delle conoscenza attraverso l'imitazione della forma o una sequenza di movimenti o movimenti rituali.

Non importa quanto si pratichi un Kata, mancherà sempre qualcosa, che è quello che si trova nella sua forma evoluta il Katachi 形, il Kata eseguito con sentimento è il Katachi che va oltre alle qualità fisiche, il Katachi è il Kata con l'anima, il Kata può essere insegnato il Katachi no, può essere osservato e sperimentato, e per farlo si deve trovare il giusto insegnante che ce lo possa insegnare, questi termini non si trovano solo nelle arti marziali, ma anche nel teatro No, cerimonia del te, danza giapponese, ecc.

Si dice che nel teatro No per imparare il Katachi, si deve rubare il segreto o l'anima della forma padroneggiandone il Kata, ed in questo modo afferrare il significato del Katachi. Comprendere il sentimento della forma e il suo significato vuol dire padroneggiare veramente la "Forma".

Tsuyoi

"Non pensare di essere forte perché puoi fare bene qualsiasi tecnica, non essere troppo pieno di te stesso".

Masaaki Hatsumi

Tsuke Iri

附入り

(Entrare e aderire)

L'avversario attacca con un pugno destro, da Kata Yaburi no Kamae eseguire Naname Ushiro Omote Waki Uchi, e afferrare con la mano destra il polso dell'avversario, inserire il bastone fra il suo torso e il suo braccio, premere il bastone sul suo tricipite con il peso del corpo facendo un passo e portare l'avversario a terra a faccia in giù e controllarlo facendo pressione sul bastone con il ginocchio sinistro.

Ushiro Dori Tsuke Iri
後ろ捕り付け入り
(Presa da dietro aderire ed entrare)

L'avversario attacca alle spalle con una presa al torso, dalla posizione di Kata Yaburi no Kamae, rompere la presa colpendo con le anche all'indietro e alzando le braccia, una volta rotta la presa eseguire Tsuke Iri per portare l'avversario a terra.

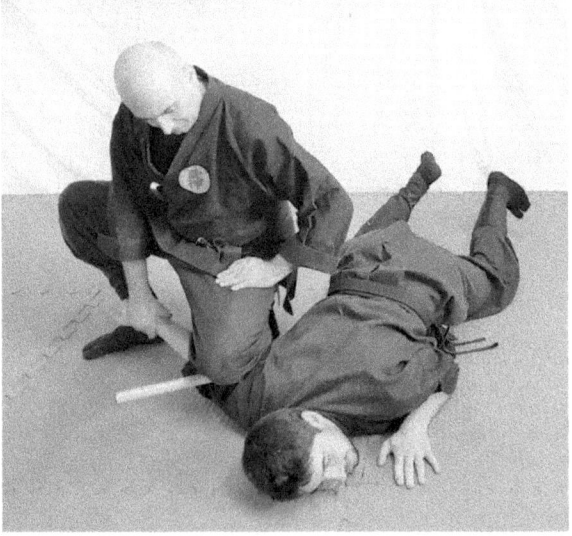

Tsuke Iri Itto Dori
附入り一刀捕り
(Aderire ed entrare cattura della spada)

L'avversario con la Kodachi esegue un affondo, da Kata Yaburi no Kamae evitare all'esterno colpendo il torso dell'avversario ed eseguire la tecnica Tsuke Iri, disarmare e controllare l'avversario.

Koshi Ori
腰折り
(Spezzare l'anca)

L'avversario tira un pugno destro, da Kata Yaburi no Kamae eseguire Naname Ushiro Ura Waki Uchi, afferrare con la mano sinistra il polso dell'avversario, inserire il bastone fra la sua schiena e il suo braccio, premere il bastone sul suo tricipite con il peso del corpo facendo un passo per portarlo a terra di schiena, controllare mantenendo la pressione del bastone con il ginocchio destro.

Shibari Koshi Ori
縛り腰折り
(Spezzare l'anca legando)

L'avversario attacca con un pugno destro, da Kata Yaburi no Kamae eseguire Naname Ushiro Ura Waki Uchi, e afferrare con la mano sinistra il polso dell'avversario, inserire il bastone fra la sua schiena e il suo braccio inserendolo nella sua cintura, premere sul suo tricipite e fare un passo in avanti per portarlo a terra di schiena, controllarlo premendo con il ginocchio sul bastone.

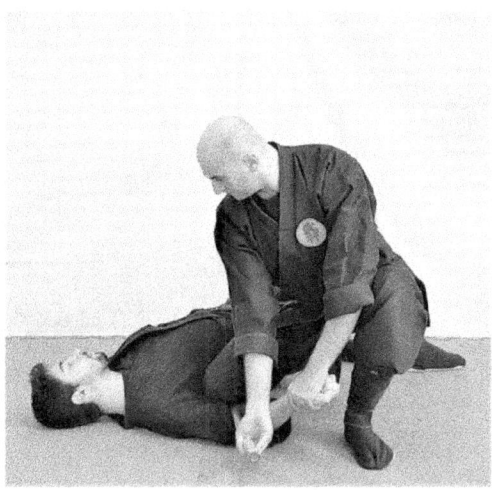

Koshi Ori Itto Dori
腰折り一刀捕り
(Spezzare l'anca cattura della spada)

L'avversario attacca con la Kodachi, da Kata Yaburi no Kamae evitare all'interno colpendolo al torso ed eseguire la tecnica Koshi Ori, disarmare e controllare l'avversario.

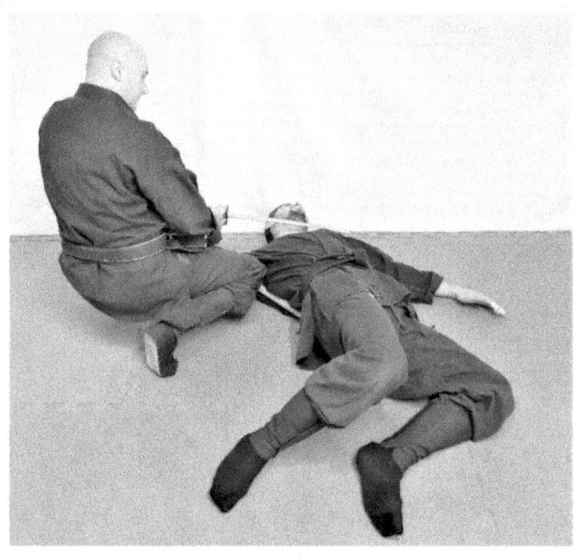

Kyojitsu
虚実
(Vero e falso; Inganno)

Attaccare con Migi Katate Uchi (questo è "Kyo" 虚 falso), l'avversario blocca il polso con la sua mano sinistra, ruotare il braccio in senso orario e afferrando l'estremità del bastone con la mano sinistra eseguire una Gyaku al polso dell'avversario (questo è "Jitsu" 実 vero).

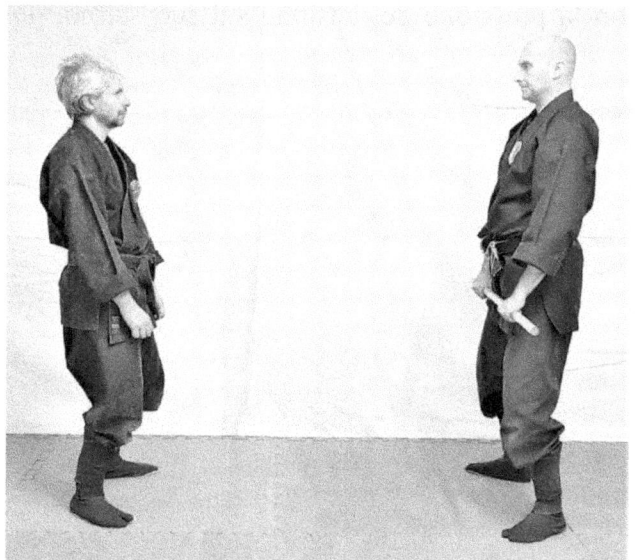

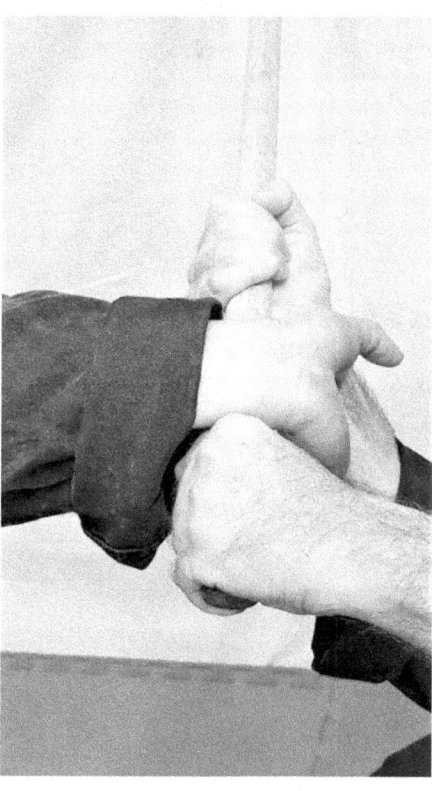

Dogaeshi
胴返し
(Rovesciare il torso)

L'avversario attacca afferrando il bavero con entrambe le mani per eseguire una proiezione Seoinage, dalla posizione di Kata Yaburi no Kamae, lasciare la presa del bastone con la mano sinistra, far passare il bastone davanti all'addome dell'avversario e afferrarlo di nuovo con la mano sinistra, da questa posizione tirare a se facendo inarcare la schiena dell'avversario portare l'avversario a terra continuando a controllare con la pressione del bastone sul suo sterno, gola o sulle braccia.

Kataginu
肩衣
(Abito cerimoniale Samurai senza maniche)

L'avversario attacca afferrando il bavero con entrambe le mani, dalla posizione di Kata Yaburi no Kamae, eseguire uno Tsuki al punto vitale chiamato Asagasumi con la punta dell'estremità sinistra del bastone, con la mano sinistra afferrare il polso sinsitro dell'avversario e eseguire Tsuke Iri portare a terra e controllare l'avversario a terra.

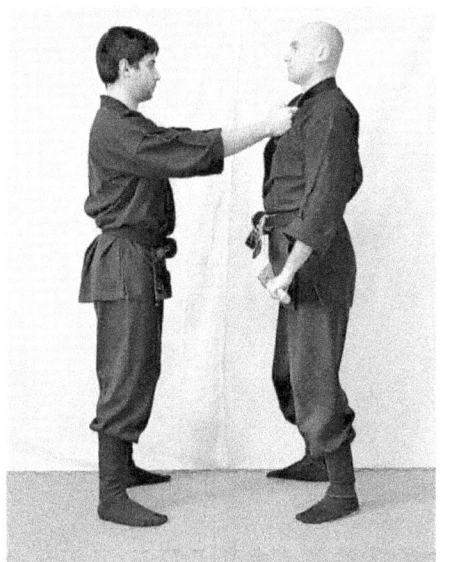

Koku
虚空
(Spazio vuoto)

L'avversario afferra con la mano sinistra l'estremità destra del bastone e con la mano destra afferra il bastone in mezzo alle nostre mani, dalla posizione di Kata Yaburi no Kamae, piegare le gambe e facendo un passo in avanti con il piede destro alzare la punta del bastone verso di lui e poi ruotarla sopra la sua spalla destra sbilanciandolo e fancendolo cadere a terra, se continua a mantenere la presa con la mano sinistra si esegue Ura Gyaku, premere con l'estremità sinistra sulla sua mano sinistra premendola sulla sua gola per controllare.

Kocho Dori
小蝶捕り
(Catturare la piccola farfalla)

L'avversario tira un pugno destro, da Kata Yaburi no Kamae evitare all'interno e colpire usando una sola mano verso l'alto sotto il tricipite, poi far passare il bastone sotto il suo braccio e afferrare l'estremità del bastone come per eseguire Muso Dori premendo sul suo gomito, come l'avversario resiste alla tecnica girarsi repentinamente e colpire con il bastone il collo dell'avversario mentre si esegue Osoto Gake 大外掛け con il piede destro, abbattendolo a terra, per controllare continuare a premere il bastone sul suo collo da questa posizione e afferrare la manica della sua mano destra con la mano sinistra mentre si tiene il bastone per bloccare i suoi movimenti.

Ryufu
龍風
(Drago del vento)

Da Kata Yaburi no Kamae colpire il braccio sinistro dell'avversario con Hidari Katate Uchi, sfruttando la reazione dell'avversario che porta la sua mano destra sul suo braccio sinistro, con la mano destra afferrare il suo polso mentre si appoggia il bastone sulla propria spalla destra, fare un passo con il piede sinistro davanti al piede destro dell'avversario e mettere in leva il suo gomito ruotando la colonna, controllarlo mantenendo la leva al suo braccio.

Kote (Torashu)
虎手
(Zampa della tigre)

L'avversario tira un pugno destro, da Kata Yaburi no Kamae evitare all'interno e fare un affondo alla spalla destra con l'estremità sinistra del bastone nel Kyusho chiamato Jujiro 十字路, colpire la mano sinistra dell'avversario con l'estremità destra e con la stessa colpire repentinamente sotto la sua mascella sinistra (Hidari Ago 左顎) abbattendolo a terra, controllare Zanshin.

Taki Koi
瀧鯉
(Carpa della cascata)

Da Kata Yaburi no Kamae colpire il punto vitale Asagasumi con Hane Age Uchi da questa posizione fare un affondo con la punta del bastone nella gola portando a terra l'avversario (questa azione viene chiamata Tsuki Taosu 突き倒す), controllare con il bastone premendo nel punto vitale Jinchu 人中 o nella bocca Ate Osae Dori 当て押え捕り (fare la massima attenzione durante l'allenamento questa tecnica può rompere o dislocare la mascella).

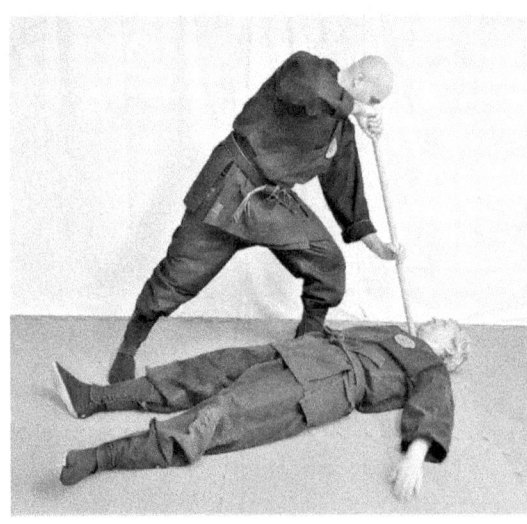
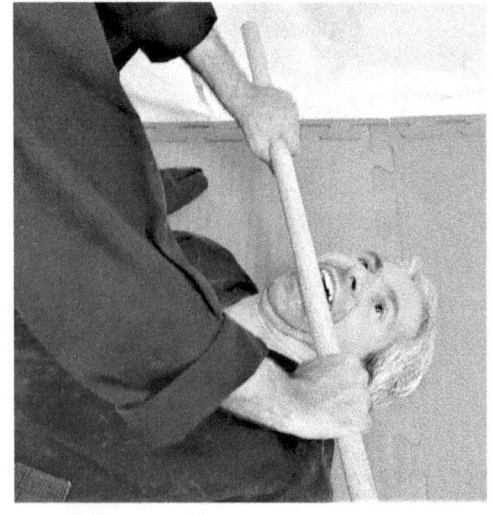

Chinsoku
沈足
(Gamba sommersa)

L'avversario calcia con il piede destro, da Kata Yaburi no Kamae evitare all'esterno, colpire e spazzare (Uchi Harai 打ち払い) il punto vitale Yaku 扼 con l'estremità destra del bastone, fare un affondo al punto vitale Koe 声 e infine catturare la gamba con il bastone e eseguire una chiave articolare per spezzare la gamba, per esempio Ashi Oni Kudaki.

Taki Nagare
瀧流
(Flusso della cascata)

L'avversario attacca con un pugno destro, da Kata Yaburi no Kamae evitare all'esterno e colpire all'interno della caviglia destra del piede dell'avversario con l'estremità destra del bastone, inginocchiarsi sulla gamba sinistra mettendo il piede a lato del piede destro dell'avversario, ruotare il bastone e far pressione con l'estremità destra del bastone sull'ascella facendo cadere l'avversario a faccia a terra e controllare facendo pressione con il bastone sulla gamba e sul braccio Gaisai To Jakkin Itami Osae 外谷と弱筋痛み押え.

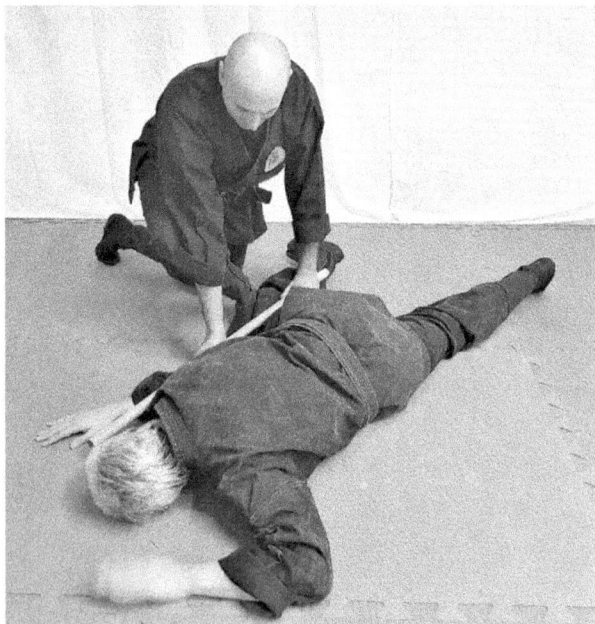

Odori Taoshi Ichi
踊倒し一
(Danzare e abbattere, uno)

L'avversario tira un pugno destro, da Kata Yaburi no Kamae evitare a destra mentre si colpisce con l'estremità sinistra del bastone sotto il gomito destro dell'avversario deviando il suo pugno, continuando l'azione ruotare il braccio in senso orario Osu Gotoku Sabaki 押す如く捌き, girarsi di lato rimanendo paralleli all'avversario, colpire con l'estremità sinistra del bastone sotto il naso facendo uno stritolamento con il bastone e il braccio Jinchu Gaeshi Uchi Shimeru 人中返し打ち締める, da questa posizione controllare il braccio destro e inginocchiarsi con il ginocchio sinistro sulla gamba destra dell'avversario facendolo scendere a terra.

Odori Taoshi Ni

踊倒し二

(Danzare e abbattere, due)

L'avversario tira un calcio frontale destro, da Kata Yaburi no Kamae evitare all'esterno mettendo l'estremità destra sotto la caviglia del piede destro dell'avversario, da questa posizione eseguire Sankaku Jime alla caviglia con il bastone, cambiando la presa della mano destra ruotare il bastone facendo ruotare il piede in maniera che l'avversario si giri di schiena e tirare per portarlo a terra, controllare tramite la caviglia mentre la si torce mantenendo la morsa dolorosa.

Jujisha Ichi
十字車一
(Ruota a croce, uno)

L'avversario tira un pugno destro, da Kata Yaburi no Kamae eseguire Naname Ushiro Ura Waki Uchi, portare il bastone sotto il gomito per Juji Dori e proiettare l'avversario mettendo la gamba sinistra davanti la gamba destra dell'avversario e girando la colonna.

Jujisha Ni
十字車二
(Ruota a croce, due)

L'avversario attacca con un pugno destro, da Kata Yaburi no Kamae eseguire Sabaki Dori afferrando con la mano destra portare l'estremità sinistra del bastone dietro la caviglia destra dell'avversario mentre si fa un passo a sinistra sbilanciando l'avversario all'indietro, da questa posizione afferrare l'estremità del bastone con la mano sinistra facendo un Kotsu Itami Dori 骨痛み捕り (pressione dolorosa all'osso) alla caviglia, spingere con il gomito sinistro sulla gamba per far cadere l'avversario a terra di schiena, e controllare, se dovesse muoversi colpire in un punto vitale.

Rokai
老怪
(Anziano misterioso)

L'avversario afferra il bavero e la manica da Kumite 組み手 (termine giapponese che deriva dall'antica lotta del Sumo) tenta una proiezione Seoinage, da Munen Muso no Kamae bloccare la proiezione abbassando le anche, far passare il bastone davanti alle sue costole afferrando l'altra estremità per eseguire un Do Jime alle costole fluttuanti (fare attenzione a non spezzare le costole), da questa posizione si possono eseguire diversi controlli, per esempio facendo lo Shime colpendo il punto Kinteki tirando verso l'alto, Ashikubi Sankaku Jime, e Ashi Onikudaki.

Ten Taoshi
天倒し
(Abbattimento del cielo)

L'avversario attacca con un pugno destro, da Munen Muso no Kamae colpire con Bofuri 棒振り che è Kyo 虚 (falso, quindi è una finta) tirare un calcio frontale al viso, e mentre si scende con il piede afferrare il bastone con entrambe le mani per colpire il punto vitale Tento con lo spigolo del bastone Tokikaku Uchi, abbattendo l'avversario a terra inginocchiarsi e controllare con Naisai Itami Osae Ashi Ori.

Kyoku Shime

曲締め

(Melodia dello strangolamento)

L'avversario armato con la spada lunga da Daijodan no Kamae 大上段の構え esegue un taglio verticale, da Munen Muno no Kamae evitare all'interno e colpire da sotto il polso sinistro dell'avversario con Katate Furi, con la mano sinistra afferrare il polso destro dell'avversario e la sua spada e colpire con la punta del bastone Tokikaku Uchi sotto lo zigomo destro, eseguire uno Shime premendo con l'avambraccio sotto la gola e con il bastone dietro il collo, calciare verso il basso il braccio dell'avversario con la gamba sinistra per controllare la spada.

Otonashi
音無し
(Senza rumore)

L'avversario armato con la spada lunga da Daijodan no Kamae esegue un taglio verticale, da Otonashi no Kamae senza lasciar trasparire le nostre intenzioni, rapidamente inginocchiarsi sulla gamba sinistra (Moguri Taihen 潜り体変 movimento del corpo dell'immersione) ed eseguire un affondo, da qua si possono ci sono infiniti modi di abbattere l'avversario a terra.

十方折衝の術

JUPPO SESSHO NO JUTSU
(L'arte della negoziazione nelle 10 direzioni)

Le basi del Budo si trovano nel Juppo Sessho no Jutsu, il quale è anche conosciuto come Koteki Ryoda Juppo Sessho no Justu 虎擲龍拏十方折衝の術 che si trova nella pergamena segreta molto antica del Hibun Jujiron Shinden Jukai 祕文十字論師伝寿海 che fa parte delle pergamene del Amatsu Tatara, e trattano di come combattere con armi corte come Kodachi, Jutte e Tessen contro un avversario armato di spada lunga infatti proprio da queste tecniche sono nate le tecniche conosciute come Muto Dori 無刀捕 che sono considerare le tecniche di più alto livello per un artista marziale. Il nome Koteki Ryoda fa riferimento alla leggenda di un feroce combattimento fra una Tigre e un Dragone e insegna la preparazione mentale per difendersi a mani nude di fronte a un nemico armato di spada, rendendo il nemico impotente, utilizzando la visione della Tigre e del Dragone. Juppo Sessho no Jutsu 十方折衝の術 (può anche essere scritto con gli ideogrammi per "prendere la vita"; Sessho no Jutsu 殺生の術) ed è connesso ai segreti del Kodachi, Jutte e Tessen, ma non è limitato solo a queste armi si può utilizzare per qualsiasi arma corta, come ad esempio il bastone corto, infatti Juppo Sessho 十方折衝 ha anche il significato che "tutte le cose sono collegate", questo dipende dal proprio Sainou 才能 talento, Tamashii 魂 spirito e Utsuwa 器 capacità. Per poter disarmare un avversario con una spada lunga o corta, si deve utilizzare il Juji Ryoku 十字力, o il potere dell'angolazione corretta, è come intrappolare un'ape nel palmo della propria mano e rendere il suo pungiglione inutile "Amo Isshun no Tamamushi!" 中一瞬の吉丁虫. Di seguito vedremo le tecniche del Juppo Sessho applicate alle tecniche di Hanbojutsu, per poterlo comprendere a pieno questo concetto deve essere appreso per Isshin Denshin 以心伝心 comunione tra cuore e cuore con l'insegnante.

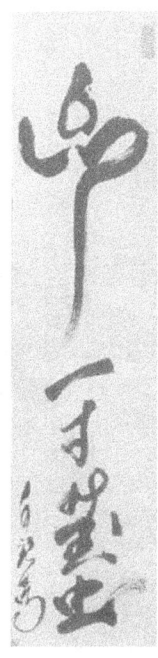

Arte calligrafica Shodo di "Amo Isshun no Tamamushi" 中一瞬の吉丁虫 dipinto dal Soke Masaaki Hatsumi donato allo Shihan Luca Lanaro.

Kiri no Hito Ha (Kata Hane)
桐の一葉(片羽)

(Un fiore di Paulonia [Un'ala])

L'avversario con la spada corta attacca con un affondo, da Kata Yaburi no Kamae evitare all'esterno e lasciando il bastone con la mano sinistra colpire al Kote, da questa posizione avanzare con il piede destro e colpire il viso dell'avversario con il bastone controllando il braccio che tiene la spada corta con il gomito, da qua si possono fare infinite varianti Banpen Henka 万変変化.

Rakka (Hane Otoshi)
落花(跳ね落とし)
(Caduta dei petali [Saltare e abbattere])

L'avversario armato con la spada lunga da Daijodan no Kamae attacca con un taglio verticale, da Otonashi no Kamae evitare saltando all'esterno eseguendo Kuri Gaeshi colpire il braccio destro dell'avversario disarmandolo, eseguire un Do Jime con il bastone facendo pressione sullo sterno.

Mizu Tori

水鳥

(Uccello acquatico)

L'avversario con la spada corta attacca con un taglio verticale, da Kata Yaburi no Kamae inginocchiarsi e eseguire un affondo (Moguri Gata 潜型 forma per immergersi), "come un uccello acquatico che si immerge nell'acqua".

Gorin Kudaki (Kote Suso Harai)
五輪碎 (小手裾拂)

(Distruggere i "5 elementi" [Spazzare il polso e la gamba])

L'avversario con la spada lunga da Daijodan no Kamae attacca con un taglio verticale, da Kata Yaburi no Kamae evitare l'attacco all'interno e colpire al Kote sinistro dell'avversario con l'estremità sinistra del bastone dall'alto verso il basso, inginocchiarsi sul ginocchio sinistro e ruotare il bastone in senso orario Han Gaeshi Uchi colpendo la gamba sinistra Sune Uchi, facendo cadere l'avversario a faccia a terra, controllare Zanshin 残心.

Mawari Dori
廻捕り
(Ruotare e catturare)

L'avversario con la spada corta attacca con un affondo, da Kata Yaburi no Kamae evitare all'esterno colpire il polso con Han Gaeshi Uchi e eseguire con il bastone un Sankaku Jime alla gola dell'avversario e portarlo a terra facendogli colpire con la sua schiena il nostro ginocchio (fare molta attenzione quando si esegue questo controllo perché è molto pericoloso).

気流し

KI NAGASHI
(Fluire dell'energia)

L'avversario con la Katana in Daijodan no Kamae alle nostre spalle attacca con un taglio verticale, da Munen Muso no Kamae percependo il Sakki 殺気 (l'intento di uccidere) dell'avversario evitare eseguendo Tate Nagare calciando con il piede destro al Kote e colpire con il bastone allo stinco destro dell'avversario. Per eseguire questa tecnica è fondamentale aver passato il Sakki Test (esame che si compie per passare il 5° Dan nel Bujinkan Dojo).

棒投げ

BO NAGE
(Lancio del bastone)

Da Yoko Ichimonji no Kamae lasciare la presa con la mano sinistra e far ruotare nella mano destra il bastone in avanti lanciandolo contro l'avversario, come per il lancio degli Shuriken lanciare in avanti usando un movimento a frusta del polso in orizzontale, questa è la tecnica base, la tecnica nelle foto seguenti invece è il "lancio libero" Jiyu Nage 自由投げ questo colpo è anche chiamato Sanbou Shinsho 参棒心勝 scritto anche 参謀心勝, cambiando l'ideogramma di bastone Bou 棒 con quello Bou 謀 strategia, si ottiene "La mentalità vincente del soldato".

半棒術 伝唱

HANBOJUTSU DENSHO
(Tradizione dell'arte del bastone corto)

Le tecniche di Hanbojutsu mostrate in questo capitolo sono le tecniche trasmesse come parte della scuola Kukishin Ryu Happo Bikenjutsu 九鬼神流八法秘剣術. Le forme di questa scuola sono suddivise come usualmente si fa nei Ryu-Ha 流派 tradizionali cioè divise in tre livelli: nel Shoden no Kata 初伝の型 "Forma della trasmissione iniziale" si pratica il combattimento bastone corto contro la "spada corta" Shoto 小刀, nel Chuden no Kata 中伝の型 "Forma della trasmissione media" si pratica il combattimento bastone corto contro l'avversario che attacca a mani nude, nel Okuden no Kata 奥伝の型 "Forma della trasmissione segreta" si pratica il combattimento bastone corto contro la "spada lunga" Daito 大刀.

筆詩
Hisshi

"Takamatsu Sensei spesso mi diceva, "Sia Toda Sensei che Ishitani Sensei mi hanno detto che ci sono delle regole per il passaggio degli scritti ai discepoli. Una di queste regole è che non è bene tramandare la trasmissione scritta (Densho 伝唱). Questo è dovuto al fatto che la profondità della verità del modo marziale è infinito, anche se qualcuno legge qualcosa scritto nel Densho o altre cose che vengono scritte circa il Budo, semplicemente si studiano le parole scritte (Hisshi; 筆詩) queste sono solamente parole morte (Hisshi; 筆死) se non si padroneggia il Bufu 武風 "Vento marziale" (la via delle arti marziali)".

Masaaki Hatsumi

初伝の型

SHODEN NO KATA
(Forma della trasmissione iniziale)

Katate Ori
片手折
(Spezzare un braccio)

L'avversario con lo Shoto nella mano destra fa un passo con il piede sinistro e afferra il bavero con la mano sinistra, poi fa un affondo avanzando con il piede destro. Da Kata Yaburi no Kamae fare un passo indietro con la gamba sinistra e colpire con il bastone sotto il gomito sinistro dell'avversario, e poi colpire al Kote dell'altra mano per disarmarlo.

Tsuki Otoshi
突き落し
(Spingere verso il basso)

L'avversario con lo Shoto nella mano destra fa un passo con il piede sinistro e afferra il bavero con la mano sinistra, poi fa un affondo avanzando con il piede destro. Da Kata Yaburi no Kamae fare un passo indietro con la gamba sinistra e colpire con il bastone sotto il gomito sinistro dell'avversario, fare un affondo avanzando con il piede destro colpendolo alla gola e spingendolo verso il basso (Tsuki Otosu 突き落とす) in modo da farlo cadere a terra.

Uchi Waza
打技
(Tecnica di colpo)

L'avversario con lo Shoto nella mano destra fa un affondo avanzando con il piede destro. Da Kata Yaburi no Kamae fare un passo indietro con la gamba sinistra a 45° e ruotare il bastone nella mano destra lasciando la presa con la mano sinistra e afferrando di nuovo l'estremità (Han Gaeshi Uchi) colpire con il bastone il Kote destro dell'avversario disarmandolo, colpire a Hidari Kasumi con il movimento Han Gaeshi Uchi.

Nagare Dori
流捕
(Fluire e catturare)

L'avversario con lo Shoto nella mano destra fa un affondo avanzando con il piede destro. Da Kata Yaburi no Kamae evitare all'interno e lasciare la presa del bastone con la mano sinistra tenendo il bastone in verticale afferrare il polso dell'avversario, girare il bastone e torcere il suo polso e eseguire Koshi Ori ruotando con il corpo in senso antiorario per portarlo a terra, controllare.

Kasumi Gake
霞掛
(Nel mezzo della nebbia)

L'avversario con lo Shoto nella mano destra fa un affondo avanzando con il piede destro. Da Kata Yaburi no Kamae evitare all'esterno e lasciare la presa del bastone con la mano destra colpendo con il bastone al braccio o al torso afferrando il polso destro dell'avversario, girare il bastone e torcere il suo polso ed eseguire Tsuke Iri per portarlo a terra, controllare.

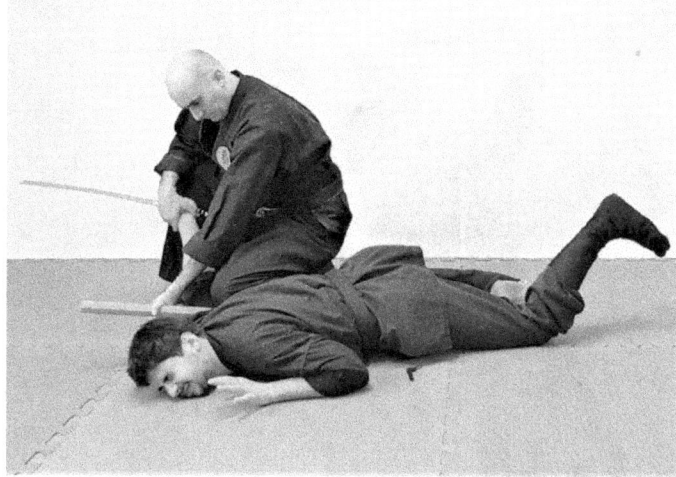

Yuki Chigai
行違
(Incrociarsi senza incontrarsi)

L'avversario con lo Shoto nella mano destra fa un affondo avanzando con il piede destro. Da Kata Yaburi no Kamae evitare all'esterno e lasciare la presa del bastone con la mano destra colpendo con il bastone al viso afferrando il polso destro dell'avversario. Alzare il braccio e passarci sotto proiettando l'avversario con la tecnica Katate Nage.

Ate Kaeshi

当返

(Rovesciare e colpire)

L'avversario con lo Shoto nella mano destra taglia dall'alto verso il basso. Da Kata Yaburi no Kamae inginocchiarsi (Moguri Gata) cambiando la presa ruotare il bastone nella mano destra e fare un affondo colpendo dove si vuole alle costole oppure agli occhi, faccia, addome o inguine.

Kao Kudaki
顔砕
(Distruggere la faccia)

L'avversario con lo Shoto nella mano destra fa un affondo avanzando con il piede destro. Da Kata Yaburi no Kamae evitare all'esterno cambiando la presa ruotando il bastone nella mano destra (Han Gaeshi Uchi) colpire al Kote o lo Shoto dell'avversario disarmandolo, poi colpire a Yoko Men ruotando il bastone con la sola mano destra (movimento simile a Hachiji Furi).

中伝の型

CHUDEN NO KATA
(Forma della trasmissione media)

Ipponme
一本目
(Prima tecnica)

L'avversario afferra con la mano destra il bavero, da Munen Muso no Kamae far passare la punta del bastone sotto il braccio dell'avversario e afferrarla da sotto con la mano sinistra incrociando le braccia eseguendo Sankakujime al suo polso, inginocchiarsi sulla gamba sinistra portando l'avversario a terra.

Nihonme
二本目
(Seconda tecnica)

L'avversario afferra con entrambe le mani il bavero, da Munen Muso no Kamae far passare la punta del bastone sotto le braccia e afferrarla da sotto con la mano sinistra incrociando le braccia eseguendo Sankakujime ai suoi polsi, inginocchiarsi sulla gamba sinistra portando l'avversario a terra.

Sanbonme

三本目

(Terza tecnica)

L'avversario afferra con entrambe le mani il bavero, da Munen Muso no Kamae far passare la punta del bastone sotto il braccio destro dell'avversario e afferrare da sotto incrociando le braccia con la mano sinistra eseguendo Sankakujime al Kote liberandosi dalla presa al bavero, lasciare la presa con la mano destra e cambiando la presa colpire con il bastone verso il basso il suo Kote sinistro, e poi calciare con il piede destro per abbattere l'avversario.

Shihonme
四本目
(Quarta tecnica)

L'avversario afferra con la mano sinistra il polso destro, da Munen Muso no Kamae abbassare il corpo e fare passare l'estremità del bastone sotto il polso dell'avversario afferrandola da sotto con la mano sinistra mettendo una Gyaku, liberarsi dalla presa, lasciare la presa del bastone con la mano sinistra e colpire con Katate Furi al suo tronco, volendo ruotare e colpire una seconda volta dall'alto eseguendo Uchi Otoshi 打ち落とし.

Gohonme

五本目

(Quinta tecnica)

L'avversario afferra con entrambe le mani il polso destro, da Munen Muso no Kamae, inginocchiarsi sulla gamba sinistra afferrando il bastone con la mano sinistra nell'estremità inferiore, alzarsi ruotando in senso orario la punta superiore sbilanciando l'avversario per liberarsi dalla presa, colpire dall'alto verso il basso, l'avversario si protegge la testa incrociando le braccia (Jumonji 十文字), immediatamente fare un affondo.

Ropponme
六本目
(Sesta tecnica)

L'avversario tira un pugno destro, da Munen Muso no Kamae eseguire un Nagashi Uke con la mano sinistra, far passare il bastone sotto il tricipite destro dell'avversario afferrandolo con la mano sinistra premendo con il gomito sinistro sul suo avambraccio, mettere il braccio dell'avversario in leva, tirare per portare l'avversario a terra inginocchiandosi sulla gamba destra, e poi fare un affondo al fianco destro dell'avversario con il bastone.

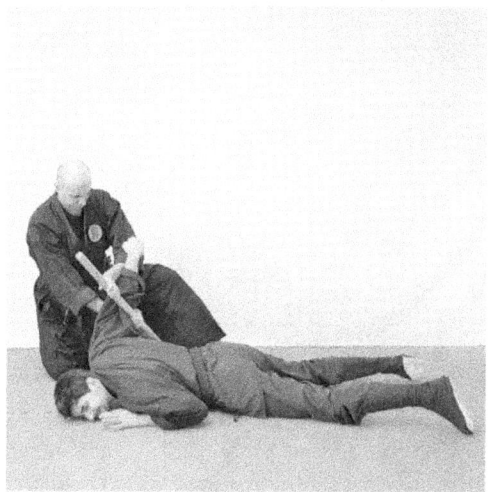

Variante: eseguire Onikudaki.

Nanahonme
七本目
(Settima tecnica)

L'avversario afferra il bavero e la manica e attacca con una proiezione, da Munen Muso no Kamae aprire le braccia e abbassare le anche in Hira Ichimonji no Kamae del Taijutsu (combattimento corpo a corpo) per bloccare la proiezione, poi con il bastone eseguire un Dojime premendo sulle sue costole, spazzare le gambe proiettando l'avversario a terra, indietreggiare e eseguire un affondo.

Happonme
八本目
(Ottava tecnica)

L'avversario afferra da dietro, da Munen Muso no Kamae abbassarsi e far passare il bastone sotto la caviglia destra dell'avversario e tirare il bastone con entrambe le mani, sedersi sulla gamba per farlo cadere all'indietro e mettere così la leva sulla sua gamba, girarsi aprire le sue gambe e premere con entrambe le ginocchia all'interno delle sue cosce, se l'avversario si muove eseguire un affondo in un punto vitale.

Kyuhonme
九本目
(Nona tecnica)

L'avversario afferra con la mano sinistra l'estremità superiore del bastone, da Munen Muso no Kamae portare la mano sinistra al bastone e applicare saldamente una chiave articolare come Omote Gyaku, Ura Gyaku, Hon Gyaku, va bene una qualsiasi di queste. Una volta applicata la Gyaku, muoversi all'interno con il corpo e proiettare, ruotare il bastone e colpire.

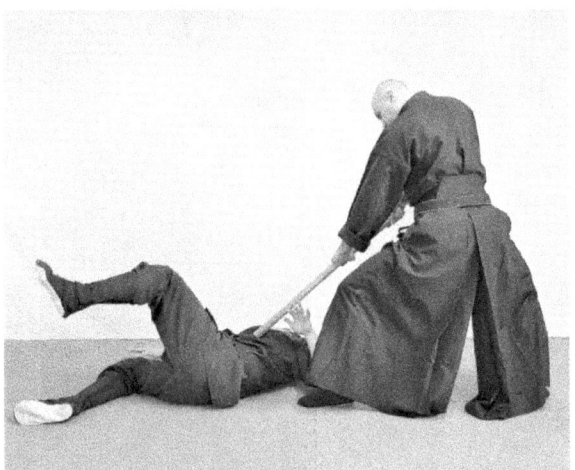

Variante: Omote Gyaku.

Yonnin Dori
四人捕
(Cattura di quattro uomini)

Ci sono quattro avversari che ci afferrano uno ci abbraccia da dietro, due con entrambe le mani afferrano un braccio a testa e quello davanti afferra il bavero con entrambe le mani. Da Munen Muso no Kamae oscillare il proprio corpo a destra, far passare il bastone sotto le braccia della persona alla propria destra, dopo di che piazzare il bastone sopra le braccia della persona di fronte a noi, poi oscillare il corpo per proiettare gli avversari, colpire il quarto avversario alle nostre spalle con un affondo, Zanshin.

Sannin Kedori

三人蹴捕

(Cattura di tre uomini che calciano)

Tre avversari calciano con il piede destro, da Munen Muso no Kamae, con un movimento superiore del corpo colpire il calcio del primo avversario con Ate Gaeshi, ruotare il bastone e colpire la gamba del secondo avversario con Katate Furi, e poi catturare il calcio dell'ultimo avversario con il movimento del corpo e eseguire uno Shimeru su di essa, da questa posizione colpire con Kinteki Uchi, e finirlo con Yoko Men Uchi.

奥伝の型

OKUDEN NO KATA
(Forma della trasmissione più profonda)

Tachi Gonin Dori
太刀五人捕

(Cattura di cinque uomini con la spada lunga)

Cinque avversari armati di spada lunga attaccano con un taglio verticale, da Otonashi no Kamae, evitare le lame degli avversari, muovendo il corpo e le gambe evitando le armi degli avversari, usando il bastone per colpire nei loro punti indifesi (Suki 透き), per portar via loro la forza dello spirito combattivo, in questa tecnica è fondamentale usare lo spazio Kukan 空間, senza mostrare l'arma, la forma del bastone, o il suono Oto 音, non mostrando il proprio intento.

仕込み杖

SHIKOMI-ZUE
(Bastone animato)

Lo Shikomi-Zue, è il bastone animato giapponese, all'interno del bastone si cela una lama nascosta, questo tipo di arma veniva utilizzata soprattutto dai Ninja quando utilizzavano le tecniche di travestimento Hensojutsu 変装術 per poter portare un'arma senza destare sospetti quindi senza rappresentare una minaccia. Le tecniche del Hanbojutsu e dello Shikomi-Zue sono strettamente correlate ci si dovrebbe allenare nelle tecniche di Hanbojutsu alternando il bastone corto con lo Shikomi-Zue, attraverso questa pratica si potrà comprendere la vera forma del Hanbojutsu. In questa sezione verranno mostrate delle applicazioni Ouyou 応用 di alcune delle tecniche precedenti utilizzando lo Shikomi-Zue.

八法秘剣

Happo Biken

"Io non insegno solo il movimento del Taijutsu. Nel Happo Biken 八法秘剣 ("Otto metodi e la spada segreta"), si deve comprendere la connessione tra il Taijutsu e qualsiasi arma. Tutto è uguale".
Masaaki Hatsumi

Kata Yaburi no Kamae Yori no Shikomi-Zue
型破の構えよりの仕込み杖

(Colpire con il bastone animato dalla postura Kata Yaburi no Kamae Mugamae 型破の構無構 Postura senza postura di rottura della forma).

Ichimonji Giri
一文字切り

(Tagliare in linea orizzontale)

Da Kata Yaburi no Kamae avanzare con il piede destro estrarre la lama dello Shikomi-Zue e tagliare in orizzontale da sinistra verso destra, praticare Jodan 上段 alto, Chudan 中段 medio e Gedan 下段 basso.

Munen Muso no Kamae Yori no Shikomi-Zue
無念無想の構えよりの仕込み杖
(Colpire con il bastone animato dalla postura senza mente e senza pensieri)

Age Giri
上げ切り
(Taglio verticale verso l'alto)

Da Munen Muso no Kamae, bloccare la punta dello Shikomi-Zue fra le dita del piede, repentinamente sfoderare la lama tagliando in verticale verso l'alto.

Otonashi no Kamae Yori no Shikomi-Zue
音無しの構えよりの仕込み杖
(Colpire con il bastone animato dalla postura senza rumore)

Kage Ichimonji Giri
影一文字切り
(Taglio ombra in linea orizzontale)

Da Otonashi no Kamae avanzare con il piede destro estrarre la lama dello Shikomi-Zue da dietro la schiena e tagliare in orizzontale da sinistra verso destra, praticare Jodan 上段 alto, Chudan 中段 medio e Gedan 下段 basso.

Kuri Gaeshi

栗返し

("Rovesciare la castagna" anche chiamata Kachiguri no I 勝栗の意 Idea della castagna secca)
Come nella tecnica con il bastone corto, da Otonashi no Kamae ruotare il polso portando l'estremità del bastone sopra la spalla destra e estrarre la lama per tagliare al Kote dell'avversario.

Oni Kudaki Dori
鬼砕き捕り
(Cattura della distruzione del demone)

Partendo dalla tecnica per il bastone corto, una volta portato il braccio nella chiave articolare Oni Kudaki, estrarre la lama dello Shikomi-Zue dal basso e controllare l'avversario minacciandolo con la lama alla gola.

Omote Gyaku Yori Oni Kudaki
表逆より鬼砕き

(Distruzione del demone dalla chiave articolare esterna)

L'avversario afferra il bavero della giacca con la mano destra, da Kata Yaburi no Kamae con la mano sinistra controllare la mano dell'avversario e colpire con il bastone le costole, con la mano sinistra eseguire la chiave articolare Omote Gyaku, far passare il bastone sotto il braccio agganciando il collo dell'avversario in questo modo si applicherà allo stesso braccio anche la chiave articolare Oni Kudaki, con la mano sinistra lasciare la presa alla mano per afferrare il bastone tenendo bloccato il braccio nella chiave articolare tra il bastone ed il proprio avambraccio, estrarre la lama dello Shikomi-Zue e fare un affondo.

Sankaku Jime
三角締め
(Strangolamento a triangolo)

L'avversario attacca con un pugno destro, da Kata Yaburi no Kamae evitare all'esterno deviando il pugno far passare l'estremità del bastone sulla sua gola, far scorrere il bastone nella mano sinistra lasciando la presa del bastone con la mano destra, per afferrarlo nuovamente con la mano destra eseguendo un Sankaku Jime alla gola, da questa posizione estrarre la lama dello Shikomi-Zue.

Tsuke Iri Itto Dori
附入り一刀捕り
(Aderire all'interno cattura della spada)

L'avversario con la Katana esegue un taglio verticale, da Kata Yaburi no Kamae evitare all'esterno colpendo il torso dell'avversario ed inserire il bastone come per eseguire Tsuke Iri, cambiare la presa delle mani con la mano sinistra afferrare il polso destro dell'avversario e bloccare il bastone con l'avambraccio, da questa posizione estrarre la lama dello Shikomi-Zue e controllare l'avversario ponendo la lama sulla sua gola.

Koshi Ori Itto Dori
腰折り一刀捕り
(Spezzare l'anca cattura della spada)

L'avversario con la Katana esegue un affondo, da Kata Yaburi no Kamae evitare all'interno colpendo il torso dell'avversario ed inserire il bastone come per eseguire Koshi Ori, mettere il bastone in verticale facendo sì che la gravità estragga la lama dello Shikomi-Zue, controllare l'avversario ponendo la lama sulle vene del suo polso.

Shikomi-Zue Bo Nage

仕込み杖棒投げ

(Lancio del bastone dello Shikomi-Zue)

L'avversario ci minaccia con la Katana in Chudan no Kamae 中段の構え tenendoci a distanza, da Kata Yaburi no Kamae estrarre la lama dello Shikomi-Zue assumendo Unryu no Kamae 雲龍の構え (postura del drago delle nuvole) mentre si mantiene il bastone in Yoko Ichimonji no Kamae, da questa postura lanciare il bastone con un movimento repentino del polso, mentre l'avversario si difende dal bastone inginocchiarsi Moguri Gata 潜り型, e tagliare l'addome dell'avversario.

護身術

GOSHINJUTSU
(Difesa personale)

Nella difesa personale o Goshinjutsu non solo è importante saper combattere disarmati, ma anche conoscere l'uso delle armi, imparare a usare il bastone corto è fondamentale per varie ragioni, una è che se si usa un'arma da fuoco per difendersi si dovrà per forza utilizzarla se costretti ed è molto facile che si rischi di uccidere l'aggressore, pagandone poi le conseguenze rischiando di essere accusati di eccesso di difesa personale, anche usare una lama è molto pericoloso per poter controllare un avversario, mentre invece con un bastone non solo si può tenere a distanza l'avversario ma lo si può utilizzare per colpire nei punti vitali meno letali oppure usarlo per mettere leve e chiavi articolari senza ferire eccessivamente l'avversario, inoltre si può utilizzare come arma sia scope, che bastoni da passeggio, che ombrelli ecc.

Shizen

"In un vero combattimento non hai tempo per ricordarti le tecniche, il tuo tempo di reazione sarebbe troppo lento. Allenati in modo da non interferire con le tue reazioni naturali".

Masaaki Hatsumi

Hanbo Tai Hanbo
半棒対半棒

(Bastone corto contro bastone corto)

Spesso si vede nei combattimenti bastone contro bastone, che il praticante blocca il colpo alto alzando il bastone, questo non è un metodo efficace, perché se si rompesse ci si potrebbe far male, inoltre come si vede dalle foto si può essere facilmente essere disarmarti venendo colpiti alle dita. Invece di fare un blocco si deve riceve con il corpo facendo scivolare il bastone stando attenti alle dita (questa azione si chiama Ukemi 受け身), e da questa posizione si può colpire l'avversario.

Hanbo Tai Naifu
半棒対ナイフ
(Bastone corto contro coltello)

L'avversario attacca afferrando il polso cercando di accoltellarci, utilizzando la scopa, calciare con il piede sinistro la scopa per colpire l'avversario nei genitali, l'avversario tenta un affondo, cambiare la presa per deviare il suo affondo e rivolgere il coltello contro di lui, controllarlo.

L'avversario attacca con un affondo, da Munen Muso no Kamae evitare all'esterno colpendo alle mani con Katate Furi disarmando l'avversario, tornando alla Kamae di partenza pestare il bastone colpendo l'avversario al ginocchio o al piede, (fatta dinamica si rischia di rompere l'arto quindi in allenamento eseguire la tecnica sempre con cautela).

Kasa no Goshinjutsu

傘の護身術

(Difesa personale con l'ombrello)

Un ubriaco si avvicina alla ragazza con l'ombrello e prova a molestarla mettendole un braccio al fianco, repentinamente la ragazza colpisce con il manico dell'ombrello il volto dell'assalitore e chiude l'ombrello, mette il manico dietro il braccio ed esegue la leva della tecnica Muso Dori e fa cadere a terra l'avversario.

警察の逮捕術

KEISATSU NO TAIHOJUTSU
(Tecniche di arresto per le forze dell'ordine)

Il Budo Taijutsu è un'arte marziale molto antica portata a noi intatta nella sua efficacia dal Soke Masaaki Hatsumi il quale è il successore di 9 scuole di arti marziali giapponesi tradizionali sviluppate e praticate dai Ninja e dai Samurai nel corso della storia giapponese, trasmesse a lui nella sua intera efficacia dal Gran Maestro Takamatsu Toshitsugu che ha lavorato come guardia del corpo e come intelligence (raccogliendo informazioni) in Cina durante la seconda guerra mondiale, utilizzando queste arti direttamente sul campo con successo.

Il Gran Maestro Masaaki Hatsumi ha influito con la sua arte marziale nell'addestramento dei: SAS, Texas Rangers, FBI, CIA, Marines, Mossad, ecc., ricevendo diversi riconoscimenti anche da vari capi di stato.

Nell'antico Giappone i Ninja sono stati utilizzati anche come forze di polizia, grazie alle loro tecniche ancora adesso attuali, come le tecniche di arresto Taihojutsu 逮捕術, tecniche per l'uso delle armi da fuoco Teppo no Jutsu 鉄砲術, tecniche di disarmo Muto Dori 無刀捕り, nonché strategie Heihojutsu 兵法術 e tecniche di controllo psicologico Shinnenjutsu 心念術 dell'avversario e sviluppo dell'autocontrollo con il raffinamento spirituale Seishinteki Kyoho 精神的教養. In questa sezione verranno mostrate alcune tecniche dell'uso del bastone corto per le forze di polizia, come bloccare ed arrestare un aggressore con il bastone senza ferirlo.

Teamwork

"Quando si utilizzano le tecniche in squadra, si deve essere consapevoli della topografia e della geografia dell'area. Siate consapevoli degli alberi, ecc. (Per esempio spingere l'avversario contro un albero è un modo per prevenirne la fuga). Questo principio si applica anche alle tecniche di conflagrazione o alle persone a cavallo".

Masaaki Hatsumi

Tsuke Iri Dori
附入り捕り
(Cattura da Tsuke Iri)

Partendo dalla tecnica base Tsuke Iri vista in precedenza si possono praticare diverse varianti e controlli, infatti viene utilizzata anche dalla polizia giapponese per controllare i criminali, di seguito vengono mostrati alcuni possibili controlli partendo da questa tecnica.

Una volta inserito il bastone come per la tecnica Tsuke Iri, a) bloccando con il solo braccio sinistro e il bastone il suo braccio, da questa posizione con l'altra mano si può ammanettare o perquisire; b) cambiando la presa mettendo un doppio Ohgyaku alle braccia, si può far camminare l'avversario per portarlo dove si vuole; c) inserendo il bastone fra le gambe si fa cadere l'avversario per controllarlo a terra sedendosi sul bastone con Itami Osae sulla coscia ed il bicipite, se l'avversario tira un pugno si può facilmente bloccare, così come un calcio con la gamba sinistra bloccandola con il ginocchio destro immobilizzando così l'avversario.

Tsuke Iri

a)

b)

c)

Zanshin
残心
(Vigilanza continua)

L'avversario cerca di rubare la pistola alle spalle, "sentendo" l'avversario, girarsi ed imprigionare la mano con il bastone utilizzando la chiave articolare Take Ori, cambiare chiave articolare portando un Omote Gyaku con la mano sinistra bloccando il bastone fra il braccio e il collo dall'avversario, estrarre la pistola con la mano destra e controllarlo.

Futari Taihojutsu

二人逮捕術

(Tecniche di cattura in coppia)

Entrambi i praticanti sono armati di bastone corto tengono a distanza il malvivente per tentare di evitare di usare la forza e farlo ragionare, l'avversario improvvisamente attacca, l'agente attaccato esegue Maki Age e l'altro Ashi Dori, portando il malvivente a terra senza fargli danno e lo ammanettano (questa tecnica può essere eseguita anche con i manganelli di ordinanza delle forze dell'ordine).

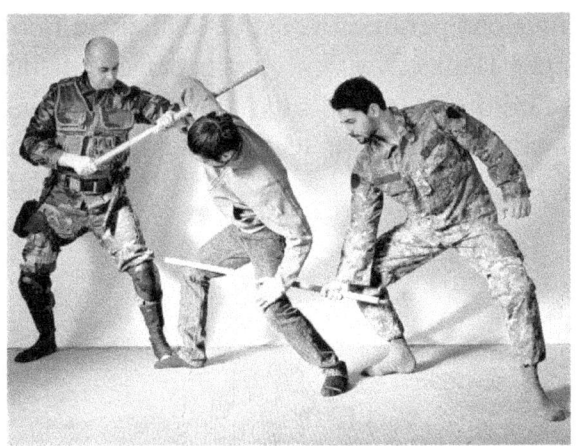
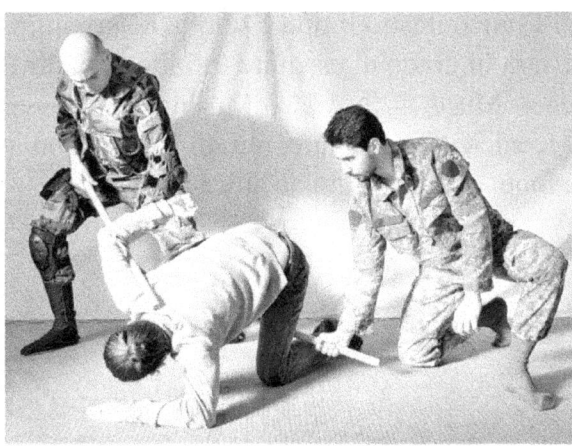
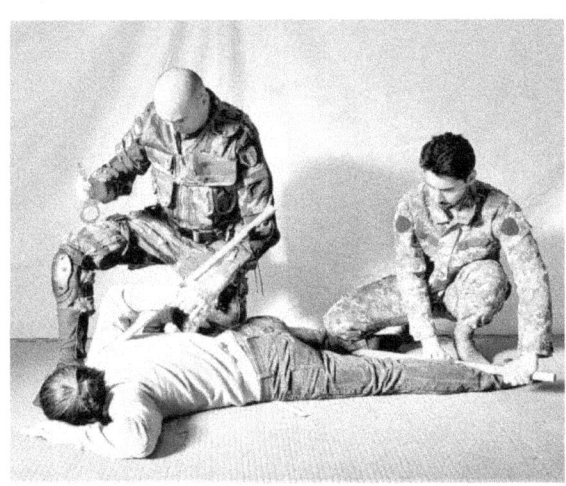
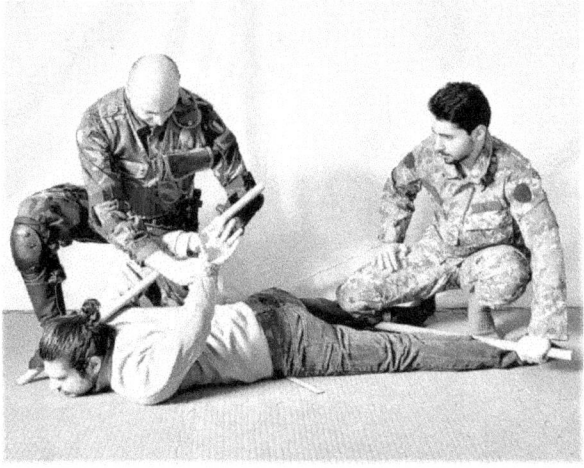

詰変の棒

Ihen no Bo
(Inganno del bastone)

Un comune bastone può essere utilizzato per molte cose, per esempio per entrare in territorio nemico senza destare sospetti, utilizzando il bastone come un comune bastone da passeggio. Questo tipo di strategie cambiavano a seconda della situazione. Questo esempio mostra come un leggero cambiamento nell'idea (Ihen 意変) di cosa sia veramente l'arte di utilizzare anche un semplice bastone possa accrescere la propria abilità nella pratica delle tecniche del Hanbojutsu, questo concetto è conosciuto come Ihen no Bo 詰変の棒 e viene applicato a qualsiasi tipo di bastone.

Nell'arte dell'uso del bastone non importa quale sia la sua lunghezza, vi sono delle tecniche chiamate "Kangi" 槓技 o tecniche di leva, le basi di queste tecniche è essere liberi per rispondere alla situazione, prendendo vantaggio con l'inganno Kyojitsu 虚実, ad esempio in guerra se si aveva intenzione di colpire un avversario a cavallo, prima si colpiva il cavallo e poi, si colpiva il cavaliere. Quindi l'unico nostro limite è solo la nostra immaginazione per questo ci si deve allenare fino a che non si sarà in grado di eseguire infinite varianti Banpen Henka 万変変化 senza pensare, nello stato di Munen Muso 無念無想 o Mushin 無心 ovvero fare quello che ci salvi la vita senza pensare a quale tecnica si deve fare, infatti non siamo noi che facciamo la tecnica ma la facciamo per ispirazione "divina" o grazie ai Kami 神.

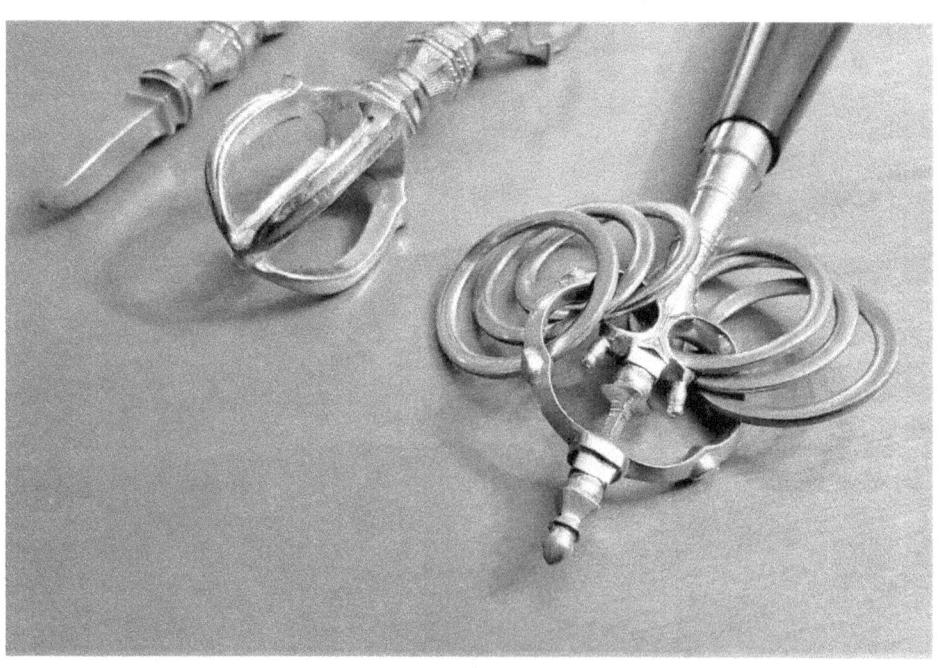

Glossario

Akuheki 悪癖: cattive abitudini
Amatsu Tatara Hibun 天津蹈鞴秘文: pergamene antiche che contengono i segreti delle arti marziali giapponesi
Ate 当: colpo
Banpenfugyo 万変不驚: 10.000 cambiamenti nessuna sorpresa
Bo 棒: bastone (rokushakubo 六尺棒 bastone alto sei piedi)
Bokken – Bokuto 木剣: spada di legno
Budo 武道: arti marziali
Budoka 武道者: praticante di arti marziali
Bufu-ikkan 武風一貫: la via marziale come un principio ogni giorno della tua vita, letteralmente: "vivendo per mezzo del vento marziale"
Bujinkan 武神館: dimora del dio della guerra
Bunbu Ryodo 文武両道: seguire sia la strada dello studioso che del guerriero
Buyu 武友: amico nelle arti marziali
Daisho 大小: grande e piccolo, le due spade portate dal samurai (simbolo della casta samurai)
Fudoshin 不動心: spirito imperturbabile (o immutabile)
Ganbatte 頑張って: Persevera! Vai avanti così!
Gokui 極意: insegnamenti segreti dei Ryu
Gorin 五輪: cinque anelli
Goshinjutsu 護身術: tecniche di difesa personale
Gyaku 逆: contrario, opposto, rovesciato, chiave articolare
Hanbo 半棒: bastone corto
Happobiken 八法秘剣: otto metodi della spada segreta
Henka 変化: variazione, variante, cambiamento
Hidari 左: sinistra
Jutsu 術: tecnica, arte
Kaiten 回転: rotolare
Kaizen 改善: migliorarsi, facendo piccoli passi all'inizio per poi incrementare
Kakushi Buki 隠し武器: armi nascoste
Kanji 漢字: gli ideogrammi di derivazione cinese che formano la base del linguaggio scritto giapponese
Kankaku 感覚: sensazione, sentimento
Kata 型: stile, tipo, forma
Katachi 形: forma, sequenza di movimenti
Katana 刀: spada tradizionale giapponese
Kihon Waza 基本技: tecniche base
Kiso 基礎: fondamentali
Kocho 小蝶: piccola farfalla
Kukan 空間: spazio
Kyojitsu 虚実: menzogna e verità; finta
Migi 右: destra
Nagashi 流し: fluire
Nage 投: lanciare, proiettare

Maai 間合い: distanza, intervallo
Rei 礼: inchinarsi, saluti, cerimonia, espressione di gratitudine
Ryu 流: scuola, tradizione
Sabaki 捌き: spostamenti
Sakkijutsu 殺気術: tecniche per percepire l'intenzione omicida
Senpai 先輩: collega o allievo più anziano
Sensei 先生: insegnante
Shingitai Ichi Jo 心技体一情: il cuore, la tecnica e il corpo che agiscono in unità
Shihan 師範: insegnate degli istruttori, insegnate di spada
Shizen 自然: natura, naturalezza
Soke 宗家: erede diretto di una tradizione marziale
Taijutsu 体術: arte dell'uso del corpo (il nome delle antiche arti marziali giapponesi)
Taisabaki 体捌き: spostamenti del corpo
Tantou 短刀: coltello giapponese
Teashi 手足: mani e piedi, arti
Tengu 天狗: creature mitologiche simili a demoni che vivevano nelle montagne ritenuti grandi esperti nelle arti marziali
Tsuyoi 強い: forza, essere forti, potenti
Ugoki 動き: movimento; fluttuazione
Zanshin 残心: allerta continua, rimanere in guardia

Numeri giapponesi
Ichi 一 : uno
Ni 二 : due
San 三 : tre
Shi (Yon) 四 : quattro
Go 五 : cinque
Roku 六 : sei
Shichi (Nana) 七 : sette
Hachi 八 : otto
Ku (Kyu) 九 : nove
Ju 十 : dieci
Ju ichi 十一 : undici
Ju ni 十二 : dodici
Ju ku 十九 : diciannove
Ni ju 二十 : venti
San ju 三十 : trenta
Shi ju 四十 : quaranta
Go ju 五十 : cinquanta
Hyaku 百 : Cento
Sen 千 : Mille
Ban 万 : Diecimila

Bibliografia:

Testi di riferimento:

Stick Fighting	Masaaki Hatsumi Q. Chambers
Hanbojutsu, Juttejutsu, Tessenjutsu	Masaaki Hatsumi
Ninjutsu, history and tradition	Masaaki Hatsumi
The grandmaster's book of ninja training	Masaaki Hatsumi
Essence of ninjutsu	Masaaki Hatsumi
Understand? Good. Play!	Masaaki Hatsumi
The way of the Ninja, secret techniques	Masaaki Hatsumi
Advanced stick fighting	Masaaki Hatsumi
Shinden Kihon: Tecniche base del combattimento a mani nude Ninja e Samurai	Luca Lanaro

L'autore:

Lo Shihan 師範 Luca Lanaro già autore del libro "Shinden Kihon: Tecniche base del combattimento a mani nude Ninja e Samurai", è regolarmente iscritto allo Shidoshikai (albo internazionale istruttori Bujinkan), ed insegna a Genova dal 1999, ogni anno si reca in Giappone per studiare direttamente con il Soke Masaaki Hatsumi, di cui è allievo diretto, inoltre impartisce seminari in Italia e all'estero. Gli è stato conferito dal Soke Masaaki Hatsumi il nome marziale (Bugou 武号) di Isamu Koma 勇駒 che si può tradurre come "Cavallo coraggioso" (Koma 駒 è l'ideogramma per il cavallo degli scacchi giapponesi Shogi, di cui è un pezzo molto importante, mentre Isamu 勇 significa; valoroso, coraggioso e eroico), nel febbraio del 2017 ha ricevuto la medaglia d'oro del Bujinkan Dojo.

Website: http://bujin.altervista.org
Facebook: Bujinkan Dojo Genova
YouTube: Bujinkan Dojo Genova
Email: infobujinkan@gmail.com